不需公式！
一看就懂的資料分析思維

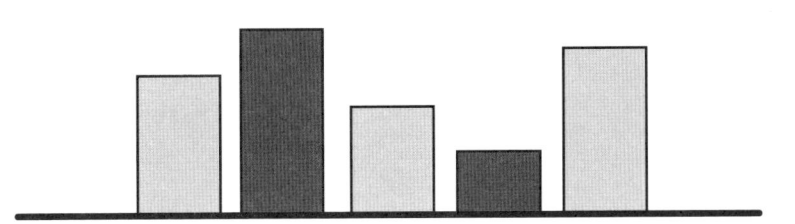

松本健太郎 著
許郁文 譯
Morio 作畫

前 言

「資料分析」就像阿修羅像一般，擁有多張面孔。在此之前，數學、統計學受到許多人的關注，但我一直覺得市面上若有專用文字或是邏輯學來說明的書籍就好了，因此便寫了這本書。

大家好，我是松本健太郎。

我目前是隸於於一般公司的行銷人員兼資料科學家，副業則是撰寫像本書這類商業書籍的作家，有時候也會自稱是資料作家，而不是廣播作家。此外，也於電視台或廣播電台負責分析資料的資料新聞學。

本書將透過漫畫的方式以及我身為資料科學家的經驗，介紹「這麼做就一定能正確分析的方法」。一聽到資料分析，很多人都會跟我說「我不太擅長數學」「我是文組的」，但我答應大家，本書絕對不會出現任何公式，所以就算是不擅長數學或是文組的人，也一定能讀完本書。

若將所有可能導致資料分析失敗的變數濃縮成一個理由，那就是讓自己突然跳入猶如茫茫大海的資料中。我們該解決的問題是什麼？我們遇到了什麼問題？該證明什麼？如果在沒有暖身的情況下跳進大海，當然會「找不到答案」或是覺得「資料分析很難」。

本書為了讓大家快速學會資料分析，將以某間零食製造商為舞台，一邊帶著大家了解第一線的情況，一邊說明立刻就能派上用場的資料分析方法，希望大家能一邊參考這些方法，一邊改良為專屬自己的手法。

故事將從一個新部門的小派對開始。

松本健太郎

目 次

前言 …………………………………………………………… iii

序章漫畫 ……………………………………………………… 1

第 1 章　問題是什麼？思考流程與因果關係　　11
☆漫畫 ………………………………………………………… 12
☆內文解說
「資料分析」常見的誤解 …………………………………… 32
話說回來,「資料」到底是什麼？ ………………………… 34
資料分析會失敗,是因為遇到解決不了的「問題」……… 35
將「問題」轉換成「提問」………………………………… 37
為什麼中島會被打「零分」呢？ …………………………… 39
提升提問品質的「解析度」………………………………… 40
從「行動」與「結果」思考消費者 ………………………… 41
從「具體」與「抽象」思考消費者 ………………………… 43

第 2 章　找出「提問」－觀察力與洞察力　　47
☆漫畫 ………………………………………………………… 48
☆內文解說
只看想看的東西 ……………………………………………… 75
「先建立假設,再收集資料」………………………………… 77
「觀察」很困難 ……………………………………………… 78
人類會「不自覺」地說謊 …………………………………… 81
傾聽「無聲之聲」的質性調查 ……………………………… 82
S-O-R 理論 …………………………………………………… 86
ABC 理論 ……………………………………………………… 87
用途理論 ……………………………………………………… 89
找出「購買的理由」………………………………………… 91
我們購買的是「價值」……………………………………… 92

iv

第 3 章　建立「假設」－演繹法與歸納法　　95
☆漫畫 ……………………………………………………… 96
☆內文解說
提升解析度又如何？ ………………………………… 125
何謂歸納法？ ………………………………………… 127
歸納法的弱點 ………………………………………… 128
利用歸納法找到的「提問與假設」………………… 130
何謂演繹法？ ………………………………………… 132
演繹法的弱點 ………………………………………… 134
利用演繹法找到的「提問與假設」………………… 136
資料分析也要捷思 …………………………………… 139
「假設」多多益善 …………………………………… 144

第 4 章　證明「假設」　　145
☆漫畫 ……………………………………………………… 146
☆內文解說
跳入海量的資料！ …………………………………… 165
兩種驗證方式 ………………………………………… 166
兩種證明的方法 ……………………………………… 168
論證的難處 …………………………………………… 168
事前準備該做到什麼地步？ ………………………… 170

第 5 章　做出決策　　173
☆漫畫 ……………………………………………………… 174

後記 ……………………………………………………… 195

結語 ……………………………………………………… 200

出場人物介紹

東京皇冠股份有限公司

1932年創立。在當時仍屬罕見的奶油蛋糕放上做成草莓或橘子的和菓子，開發出東西合併的甜點。1960年，冷藏設備開始普及之後，開發了外觀像是皇冠的和菓子，結果大受好評。之後不斷設立門市，擴大通路，也在2008年締造前所未有的業績，但之後卻在大眾心目中成為「昭和時期的食物」，業績因此一路下滑。2023年，為了討論該不該接受合併案而另外成立了經營企劃室（表面上說法是為了增加「業績」，另外成立了開發商品的部門）。

經營企劃室

春川華（25）
利用市售水果點綴皇冠蛋糕的影片爆紅，被當成是讓業績急速成長的功臣，所以從製造部調到經營企劃室。

中島誠（32）
從採購部調到這個部門。想從石田身上吸收工作經驗。

石野涼子（45）
執行董事經營企劃室室長
曾在日本國內最大型日用品製造商讓負責的商品暢銷。曾經連續兩年入選「日本百大優秀女性」，所以被美子挖角過來。

志賀一（56）
從會計部調來這個部門。高中畢業後就進入東京皇冠服務，連續38年從事會計一職。

犬井力也（37）
從廣告宣傳部調到這個部門。大學畢業後，進入廣告代理公司服務，之後跳槽到皇冠公司。是盡可能準時下班的員工。

會長 若山美子（75）
因為老公，也就是前社長的遺言而接任董事長。
為了讓兒子，也就是社長成長，挖角了石田。再這樣下去，公司就會越來越糟糕，所以贊成合併案。

社長 若山新藏（52）
從曾經創造空前業績的偉大經營者，也就是父親若山新一郎手中接下社長一職。反對世襲，也覺得自己「無法勝任經營者一職」。

股份有限公司布丁布丁

西式甜點市占率第二名的公司。擅長透過數據管理公司，貫徹大幅裁員的經營方針。

社長 加藤昭一（45）
為了重振股份有限公司布丁布丁而從太陽製菓來到股份有限公司布丁布丁，擔任公司的社長。只要能與皇冠合併，就能擔任太陽製菓的董事。

副社長 黑澤龍次（56）
從2014年開始質疑裁員，總是為了公司挺身而出。

太陽製菓

布丁布丁的母公司。

平野光彥（50）
太陽製菓經營企劃部長

※本漫畫中所有人物與團體純屬虛構。

序章

股份有限公司東京皇冠

會議室

接下來

就讓我們為了經營企劃室的起步

乾杯吧！

乾杯！

乾杯！！

乾杯！

經營企劃室
春川華
從製造部調來

室長！
請試吃看看，或許能得到開發新商品的靈感
也是…
執行董事
經營企劃室 室長
石田涼子
透過獵人頭進入到這間公司
咦？
這個皇冠蛋糕不是還沒裝飾嗎？
一驚
點綴公主！
沒問題，我已經準備好了！
點綴公主？
有段時間，大家都這麼叫她喲
沒想到喝醉酒後一直刺水果的影片會那麼紅啊…
哇～好漂亮～喔♡
我刺我刺
哎唷，不要再提那段黑歷史了啦——！
酒
酒

這樣挺好的啊，結果業績比去年多了 15%，才有機會調到經營企劃室啊，
呃……
話是這麼說沒錯啦……
我現在就開始裝飾！我已經準備了切好的水果……
是喔……
問一下大家，這裡有幾顆草莓？
2 顆！
中島誠
從採購部調來
4 顆吧？
志賀一
從會計部調來
不對不對，是 3 顆吧？
犬井力也
從廣告宣傳部調來

工廠是將切成一半的草莓定義為1個……
應該是……
所以照皇冠的算法，應該是6顆吧……
竊笑
不是我是文組的！
這是什麼歪理？妳是理組的喔。
為什麼？
明明只要數桌上的草莓而已，
但看來大家的答案都不一樣啊？
啊！
嚇到
………？

已經晚上六點了，那我要下班囉！
辛苦了！
咦？
話說回來，晚上六點跟社長有約。
啊！
對耶！
不好意思！請大家幫忙收拾一下！
遵命！
社長室
新部門的
狀況如何？
股份有限公司東京皇冠
董事長
若山新藏

有一位…
蠻有趣的人材喔。
再磨練個 3 年，一定會變得更不一樣。
頂多半年，
對方沒辦法再等下去了。
請在半年內拿出成績，
就是為了這點才延攬妳的。
是合併還是獨立經營……
喀嚓
如果…已經看到成長的徵兆，應該走獨立經營的路線吧？
唉……
那些人半年就能找到商機？
那這十年豈不是白忙一場？

在這個業界市占率排行老二的
布丁布丁在這 10 年內，徹底改造了經營模式……
連續成本
布丁布丁的代價
「欺負外包商」的聲音
布丁布丁的改革黑幕
跟不上 DX
裁員
如果合併，我們也會走上相同的道路。
我實在不想逼社員走上這條路……
………
意思是，要我找到另一條路嗎？
沒錯
就歷史來說，我們比較資深。

要請對方買下我們的熱門商品與情懷，否則就只能獨立經營。
總之，快找到能讓對方高價買下的理由吧！
遵命……
真是的！
怎麼會來到這種公司啊？
…………

第 1 章

問題是什麼?

— 思考流程與因果關係 —

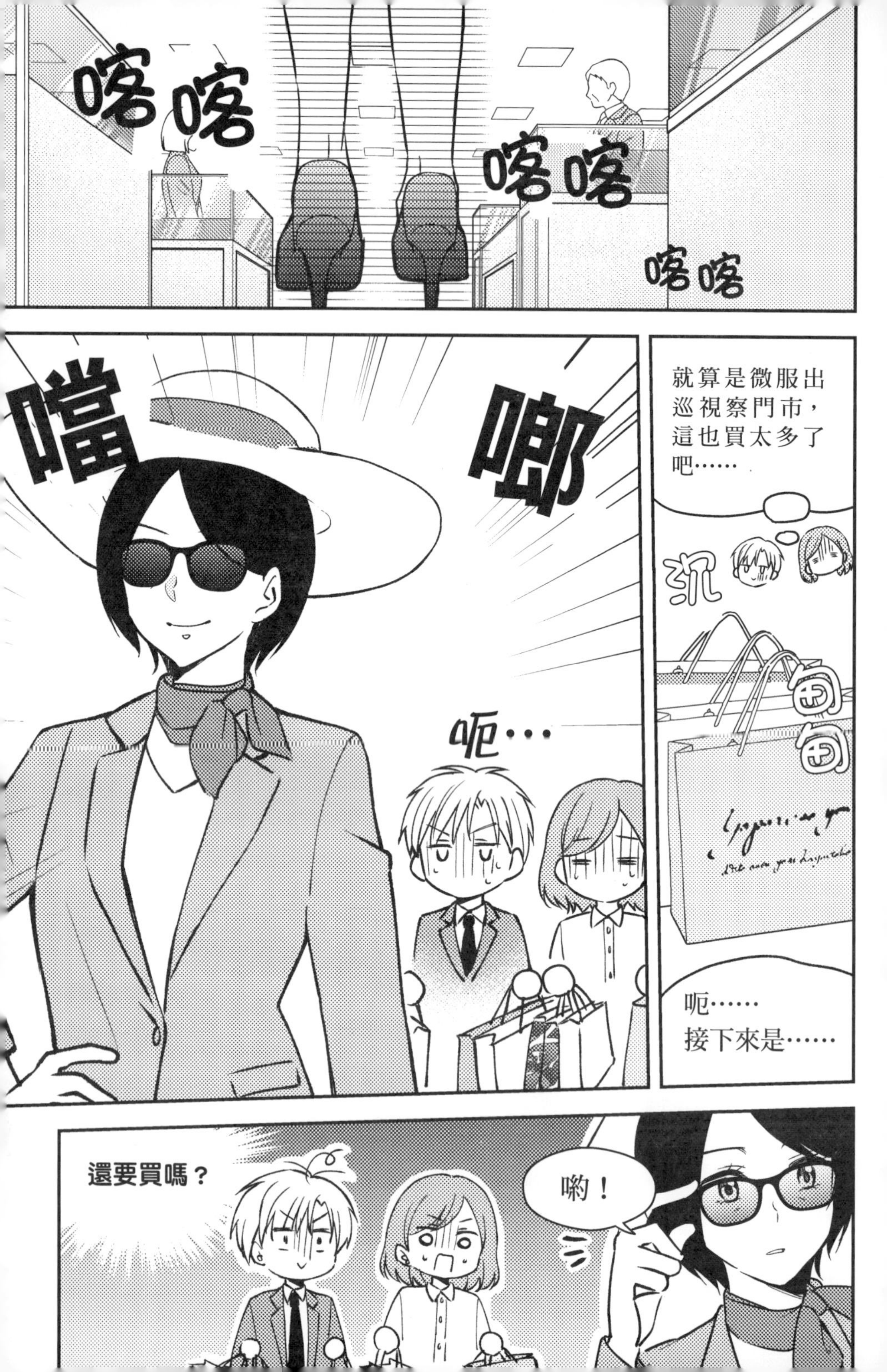

喀喀
喀喀
喀喀
就算是微服出巡視察門市，這也買太多了吧……
沉
甸甸
呃……
接下來是……
噹
啷
呃…
喲！
還要買嗎？

東京皇冠
店員小姐，請給我們三個皇冠蛋糕！
看起來不錯
既然都來了，買三個再回去吧？
拖拖
拉拉
…………
探頭
好…
…………
啊！
還是再多買兩個好了，
盒子一個就好。
呵
喔…
啊……

不好意思，手腳可以快一點嗎？

好的……

…………

我們到底在幹嘛啊……

這豈不是在找碴，當奧客嗎？

唉…突然說要巡視門市……

沒想到只是去找碴啊……

如果被揭穿身分，我們會被罵吧？

喲，真讓人意外。

我只是在挽救製造部的失誤喔。

你們什麼都沒注意到嗎?

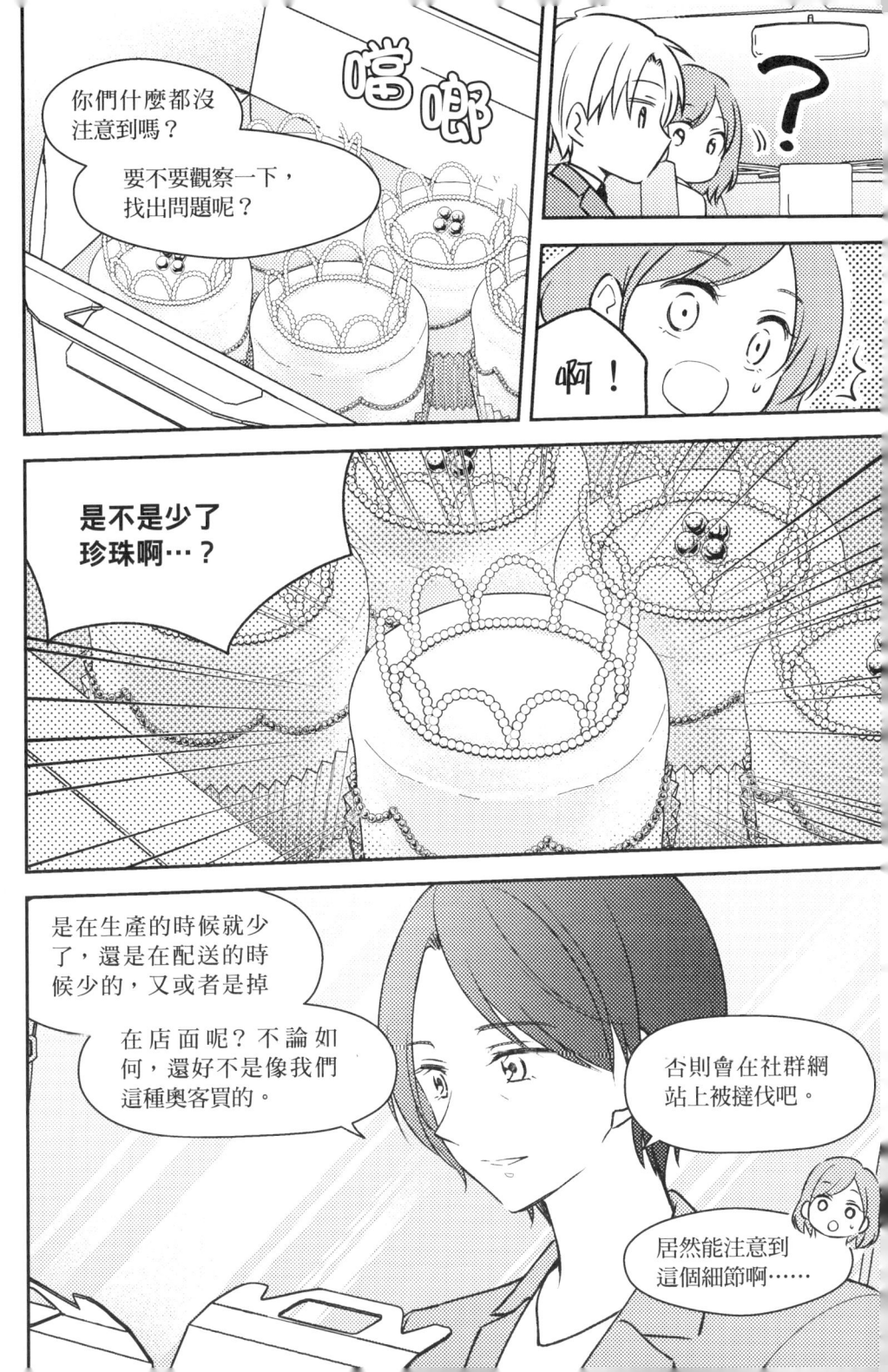

要不要觀察一下,找出問題呢?

噹啷

呀啊!

是不是少了珍珠啊…?

是在生產的時候就少了,還是在配送的時候少的,又或者是掉在店面呢?不論如何,還好不是像我們這種奧客買的。

否則會在社群網站上被撻伐吧。

居然能注意到這個細節啊……

不管是什麼組織，都有做得好與做不好的時候，但是…
在做不好的時候，不能偷懶地告訴自己「差不多這樣就好」。
這才是組織真正開始腐敗的時候喔。
到時候，
就再也回不到做得好的時候了。
………
我們公司…又如何呢？
那麼，去下一間吧！
嘰嘰

空蕩蕩
破爛
空氣
混濁
歡迎光臨～……
居然…
變成這樣啊……
我是特地選擇來東京都
內業績不好的店……
看來業績不好
是有理由的。
春川小姐
從不到門市視察嗎？
對不起……

會議室
雖說是去了門市，沒想到會連蛋糕都買了……
算了算了
什麼時候吃都好吃就好啦！
看了現場之後，對數字也有不同的看法了……
就是說啊。
春川小姐在社群網站掀起話題的功勞很棒喔！
…但是，很可惜，沒能持續帶動業績呢。
是的……
沮喪……

話說！
我們針對賣不好這件事
提出了假設喲！
中島先生很有鬥志耶～
因為我們經營企劃室的任務是開發新商品！如果能夠解
決眼前的困境……
就能接受媒體採訪，增加曝光，
也比較能跳槽到好公司吧？
這可說不定喔！
中島，你的野心都寫在臉上囉。
呃
姑且不論這件事
你剛剛說，找到賣不好的理由對吧？
就讓我聽聽你的假設吧！
簡單來說…
有三個！

首先是市場的變化。在少子
化的趨勢下，十幾歲到二十幾歲的目標消費者不斷減少。
再加上有競爭對手，尤
其是布丁布丁的崛起更是威脅。
能幹的加藤社長常常接受經濟雜誌採訪呢。
攤開
....
最後就是我們自己的問題
門市很髒，店員打招呼也有氣無力。
相較之下，布丁布丁不僅找來網紅宣傳，
還把門市打造得很時尚，很有活力。
我去了一趟布丁布丁！

原來如此，這
就是3C分析吧？
3C？是什麼專
欄作家嗎？
腦袋空空
那是南西啦！
年輕人完全跟
不上耶。
石田小姐，
我的報告如何？
是不是很有條理？
至少有60分吧？
是嗎……
所謂的假設
就是可能的
答案…做為答
案，算0分吧。
咦？？
那位知名的經營學
者杜拉克從說過：
「要得到正確答案
就得問對問題。」
意思是，面對錯誤
的提問，回答出正
確答案也沒用。

先別管什麼
3C 分析，
因為從一開始就
搞錯問題了。
一刀兩斷
啊
請問…您說搞錯
問題的意思是……
中島先生問的是：
「為什麼賣不好？」對吧？
意思是這個問題
是錯的嗎？
但實際上，業績的確
是不斷下滑……
在不久之前，製造商
都覺得將門市形容成
「買場」而不是「賣
場」是很正常的喲。
咦？
主詞不同？

沒錯
賣場的主詞是我們製造商或是零售商，買場的主詞可是顧客喔。
賣場
明明是同一個地方，但大家知道為什麼稱呼不同嗎？
零售商
製造商
門市買場
顧客
以前是有這種規則…嗎？
……你真是腦袋空空耶，是在問造成稱呼不同的原因啦！
腦袋空空
嗯嗯 嗯嗯
咻
我曾經聽過……
「思考會受限於語言」這句話。
咦？我聽說志賀先生一直是擔任會計對吧？
辦公室工作都是透過書面資料與數字來了解現場……
所以前輩告訴我，要去現場看看顧客的狀況。

該不會…「為什麼客人不買」才是正確的問題吧?

還可以問得更精準一點喲。

中島,你為什麼買這個罐裝咖啡呢?

因為要吃甜甜的蛋糕,所以想喝苦苦的飲料。

所以才選黑咖啡。

什麼為什麼……?

結果是行動，原因是心理喲。
「想要」的心理會誘發購買的行動。
雖然中島買的是罐裝咖啡，但其實背後已經排除了無數種商品喲，因為想
要而買，因為不想要而不買。
BLACK
想要！
不想要……
ORANGE JUICE 100%
就是原因與結果。
姑且不論正不正確，
我的確是這麼想呢。
微笑
意思是…
「為什麼『想要』的人減少了？」
才是正確的問題對吧？

原來如此

因為想要才買啊，只要思考這種因果關係，就能用「想要商品的人減少了」來表現業績下滑。

「想要」之後又會從原因變成結果嗎？這還真是有趣啊。

因為○○而不想要，因為不想要而不買……

其中存在著因果關係嗎？

原因 想要 → 購買 結果

的確，光是換個問題，假設也會跟著改變呢。

我在大學念行銷的時候，聽過「消費是一種慾望」的說法，這完全符合皇冠蛋糕的現況啊……

皇冠蛋糕正漸漸被排除在想要的對象之外唷。

但是…為什麼會變成這樣？只憑3C分析找不出答案，所以我今天才帶你們去逛門市啊。

原來如此！

是因為門市太髒？
還是競爭對手布丁布丁太強？
這些都不是問題的本質啊。
只有消失者知道答案。順帶一提，我們的確是找到假設了。
真是厲害……
聽好，
請試著更了解光顧的客人，要以客人為主。
如果不夠了解客人，就找不到問題與假設，而且也很容易以製造商的角度思考「賣不好」這個問題喲。
請問……

要更了解客人該怎麼做呢？

我對現場一竅不通……

沒關係。

方法之一是觀察原因與結果、心理與行動，這點我剛剛已經說明過了。

另一個就是掌握具體與抽象。

我常常說別人說話很抽象，這裡的具體與抽象是這個意思嗎？我不太喜歡這樣的人……

沒錯，我也不太喜歡說話太具體的人喔。

比方說，

聽到「你用濕紙巾擦一下這間房間的桌子，再將垃圾丟到房間裡面的垃圾筒，再把椅子靠在桌子旁邊放好」，不會讓人覺得很煩嗎？明明只要一句「收拾乾淨」就能結束了。

的確耶……

換言之
具體來說，了解客人就是更深入掌握客人的模樣嗎？
不對，具體與抽象是一體兩面的喲。
這是我朋友的故事……
我朋友很喜歡連鎖店的漢堡，每週都會吃。
烏龍麵
某天他看到烏龍麵的招牌後，就突然很想吃連鎖店的烏龍麵。
我完全聽不懂這是什麼意思，說的是漢堡與烏龍麵對吧？
優秀的人都會這麼說喔。
不，沒有啦……
說什麼優秀……
所以我才說，優秀的人不管用啊……
唉……
咦？
只要往抽象的角度思考，應該就能找到共通之處喲。

我也很喜歡連鎖店的烏龍麵喲～在熱
熱的釜玉烏龍麵放上蔥花與大量的炸酥，均勻攪拌後再一口氣扒進嘴裡。
真是太美味了呢～
好垃圾的吃法喔…
啊！共通之處是「垃圾食物」嗎？
沒錯！
我這位朋友很常吃漢堡，但其實是想吃垃圾食物喲。
對我來說，兩邊都是垃圾食物!!
從具體的角度來看，漢堡與烏龍麵的確不一樣，但從抽象來看，卻是一樣的，所以不能只從具體的角度來看。
很多行為都是本人覺得合理，但旁人覺得莫名其
妙，要知道箇中邏輯，就得了解具體與抽象的部分喔。

原因與結果、具體與抽象，這也是能應用於事業的思考方法啊……
沒錯喲！
在原因與結果、具體與抽象之間遊走，找出共通點、類似點與相異之處，可以說就能更了解客人。
不管是事業還是人，本質都是一樣的喲。
我做得到嗎……？
基於上述的理由，你們兩個！
震驚!!
!?
從明天起不要來上班，去現
場走走以提升對顧客的解析度吧！
什麼？

▶「資料分析」常見的誤解

這裡的「解說部分」將進一步說明各章的內容，補充漫畫未能提及卻很重要、希望大家知道的內容。

或許大家會覺得有點好奇，明明本書是以資料分析為主題的書籍，為什麼第 1 章完全沒有提到任何公式呢？順帶一提，**本書從頭到尾都不會提到公式，只會帶著大家透過漫畫學習資料分析的本質。**

「資料分析須要懂數學對吧？我是文組的，所以就……」

我很常聽到這類說法，但「須要懂數學」這件事其實是誤會。筆者大學念的是政治系，是不折不扣的文組人，卻擁有能夠出這類書的經驗與見聞（如果讓大家覺得我在吹噓，先在此道歉）。**如果只是與商業實務有關的「資料分析」，不懂數學也能夠學會。**

在此筆者要先以圖示定義資料分析。

▎筆者所想的「資料分析流程」

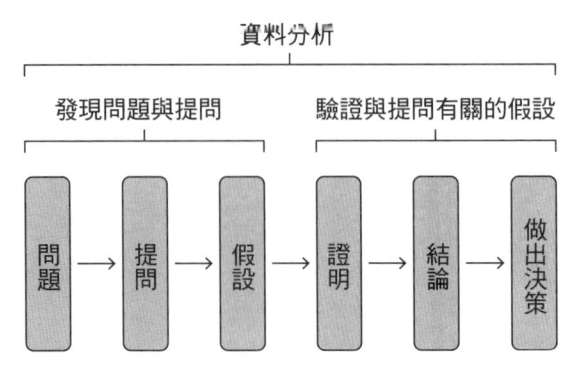

```
                        資料分析
       ┌─────────────────┬─────────────────┐
       發現問題與提問         驗證與提問有關的假設

   ┌────┐   ┌────┐   ┌────┐   ┌────┐   ┌────┐   ┌────┐
   │問題│ → │提問│ → │假設│ → │證明│ → │結論│ → │做出│
   │    │   │    │   │    │   │    │   │    │   │決策│
   └────┘   └────┘   └────┘   └────┘   └────┘   └────┘
```

筆者所想的**資料分析步驟（流程）是從「問題」開始，於「做出決策」結束**。過程總共有六個步驟，可大致分成**「發現問題與提問」**與**「驗證與提問有關的假設」**這兩個階段。

只要依照這個流程分析資料，就不會得到偏差的結論，更有可能得到想要的結果。反過來說，如果不重視這個順序，幾乎可說是必定

會失敗也不為過。在前面的漫畫裡，中島自信滿滿地說出了「東京皇冠的商品賣不好的三個理由」，卻被石田打了個「0分」。這是因為石田從過去的經驗發現，中島「未依照流程」思考。

這或許聽起來很難，但本書的讀者其實已在不知不覺中依照「流程」思考了。

比方說，早上起床後，先從「今天穿什麼？」這個問題開始，接著將這個問題置換成「平常上班都穿得比較輕鬆，但今天要跟客戶談生意，所以得穿得專業一點，我有什麼衣服可以穿呢？」接著再建立「穿優衣褲的套裝如何呢？」這種假設，然後問家人「這麼穿好不好？會不會很奇怪？」證明這個假設沒問題，最後則是做出「那就穿這套服裝吧」的結論。

其他像是「今天午餐吃什麼」「週末要幹嘛？」「被邀請打高爾夫球，要不要去？」「年底該不該回老家？」其實我們平常就會面對許多問題，也做出了不少決定。

不管是工作還是私生活，都是一連串的「問題」與「決策」，換句話說，**早在不知不覺中，我們就已經不斷在進行「資料分析」**。

「咦？明明要分析資料，卻不須要使用 Python 嗎？」

我似乎能聽到有人這麼說。其實這也是一種誤解，資料分析並不

33

等於 Python。**利用 Python 這類程式設計語言分析資料，不過是資料分析流程的一個環節，充其量只是一種方法。**

「資料分析是一種流程？」這到底是怎麼一回事？為什麼石田會替中島的報告打零分？這類疑問在第 1 章中都有說明。

▶ 話說回來,「資料」到底是什麼？

筆者認為，之所以會對「資料分析」產生誤解，最主要的原因在於**過度高估「資料」的用途**。

正在閱讀本書的讀者若是聽到「資料」，會有什麼想法？是不是會想到什麼厲害的「機械」，能夠瞬間剖析人類無法處理的海量數據，或是能以銳利的觀點解析錯縱複雜的人類社會，瞬間解開各種謎團或疑問呢？

這其實對了一半，也錯了一半。

話說回來，負責制定工業規格的國際非政府組織「國際標準化組織」（簡稱 ISO）如下定義「資料」這個詞彙。

A reinterpretable representation of information in a formalized manner suitable for communication,interpretation,or processing.

（是一種資訊的呈現手法，被整理成適合傳遞、解析或處理的格式，能夠重新解釋為資訊的東西。）

要注意的部分是**「呈現手法」「適合傳遞、解析或處理」**的這個定義。

全世界都能正確解讀，也適合傳遞、解析或處理的呈現手法之一就是「數字」，就這點而言，資料＝大量的數字。

另一方面，「語言」「漫畫」「影像」也都是呈現資訊的手法之一。雖然不像數字那麼適合，卻一樣能用來傳遞、解析或處理資料。

這意味著，「**資料雖然主要是以數字呈現，但只要是能呈現或是解析，任何形式的資料都 OK**」。

前面之所以提到「過度高估」資料這件事，是因為我們生活中的各種事物都是「資料」。資料既不罕見，也不特別。

那麼「資訊」又是什麼呢？ISO 的定義如下。

> Knowledge concerning objects such as facts, events things,processes,or ideas,including concepts, that within a certain context has a particular meaning.
> （是與事實、現象、事物、過程、創意有關的所見所聞，也包含概念，在特定文本脈中具有特定意義的東西。）

「400 億」只是單純的數字，但是「400 億的男人」就具有特定的意義。換言之，**資料可用來呈現具有特定意義的客體，而最常使用的方法之一是「數字」**。

如果這個定義沒錯，就會知道我們平常都以狹義的方式使用「資料」。來自顧客的客訴或是與自家商品有關的社群媒體貼文都是「資料」。在第 1 章中，石田帶著春川與中島去巡視百貨公司與直營店，直接確認第一線的情況，也與經營企劃室的每個人分享巡視結果，這也是「資料」。

這代表**「資料分析」不限於數字，是能活用各種呈現資訊的方式來做出決策的流程**。

若是如此說明，大部分的人都會反問：「既然如此，資料分析不就是我們平常在職場做的那些事情嗎？」說得沒錯，不管是在職場還是私生活中，我們都會分析資料，所以資料分析不是什麼特別的事情。**不過，本書的主題在於依照特定流程分析資料，就能得到令人又驚又喜的結果**。

經過上述的說明之後,大家應該多少化解了對「資料分析」的誤會,所以接下來要繼續說明其他的內容。

▶ 資料分析會失敗,是因為遇到解決不了的「問題」

到目前為止,有許多來自不同業界與業種的人來詢問我有關資料分析的問題,我也有機會親眼見證這些業界的資料分析現場。雖然每個現場都有不同的煩惱,但總歸來說,都是因為同一件事而在資料分析的過程中失敗。

那就是<u>在「發現問題與提問」階段不懂得將「問題」與「提問」分開來看</u>。

筆者認為,資料分析之所以會失敗,<u>在於未將問題與提問分開,直接處理「問題」所導致</u>。

順帶一提,我在資料分析的第一線曾遇過下列問題:「為什麼商品 A 賣不好」「網路商店的業績不斷下滑,是不是該打新廣告」「是不是該增加商品的顏色」「是不是該發最近很流行的折價券」……問題可說是五花八門。

這些問題的答案既是 YES 也是 NO,因為這是沒有標準答案,或是根本沒有答案的難題。不過,筆者覺得這像是浪費時間在無解的問題上。

當我問對方「**煩惱無解的問題,不是很浪費時間嗎?**」對方總是會以一副「我就知道是這樣」的語氣跟我說:「做生意本來就沒有標準答案吧」「所以要先採取行動再說嗎?」

不是這樣的。

做生意雖然沒有標準答案,但是資料分析一定有答案。<u>為此,我們必須將無解的「問題」換成有答案的「提問」</u>。

比方說,「1+1 等於幾?」(答案是「2」)或是「你用右手還是左手拿碗?」(答案是「右撇子用左手拿,左撇子用右手拿,兩手都是

慣用手的人，左手與右手都可以」），盡可能將問題置換成能夠立刻想到「解答」或是「假設」的提問。

雖然「問題」與「提問」聽起來很相似，但意思完全不同。若改用英文來表示，意思會更加簡單易懂。**「問題」的英文是 Problem，而「提問」的英文是 Question**。

根據英英字典的解釋，Problem 是「a situation that causes difficulties（引發困難的狀況）」，而 Question 則是「a sentence or phrase that is used to ask for information or to test someone's knowledge（為了取得資訊或是測試他人知識所使用的句子或詞彙）」。

比方說，「該如何阻止地球繼續暖化？」是問題，但是「造成地球暖化的原因是二氧化碳的排放量，該將排放量減少至多少，才能避免地球繼續暖化？」則是「提問」。將「問題」換成「提問」，就能排除語意不明的部分，讓問題變得更加具體。

▎將「問題」換成能立刻想到「解答」或「假設」的「提問」

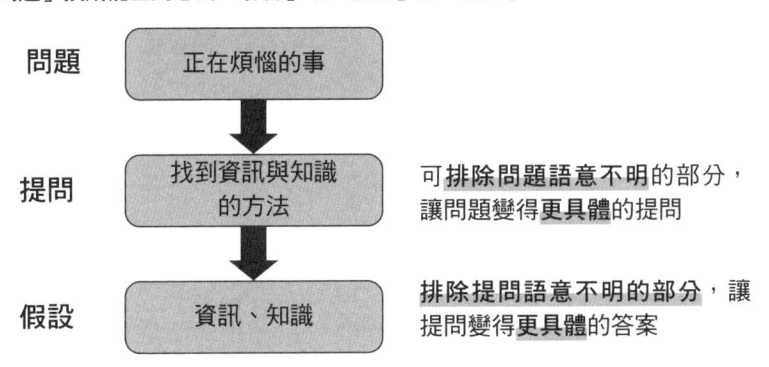

問題	正在煩惱的事	
↓		
提問	找到資訊與知識的方法	可排除問題語意不明的部分，讓問題變得**更具體**的提問
↓		
假設	資訊、知識	排除提問語意不明的部分，讓提問變得**更具體**的答案

簡單來說，**問題（Problem）是「正在煩惱的事」，而提問（Question）則是找出「資訊或知識的問題」**。

▶將「問題」轉換成「提問」

接著要以筆者的親身體驗介紹將「問題」置換成「提問」的實例。比方說，正在讀本書的讀者如果早上起床時已經是 8 點 40 分，肯定趕不上 9 點的上班時間時（順帶一提，這是 2000 年代後半的情況，還沒有考慮到什麼遠距工作）。

遇到這種情況時，到底該怎麼辦才好？首先讓我們試著把「問題」換成「提問」吧。 如果不想遲到該怎麼做？還是乾脆放棄，反正肯定會遲到，所以乾脆請假？這時候會浮現無數個「提問」。順帶一探，筆者住在公司附近，所以很常搭計程車在七分鐘之內趕到公司。

▍問題與提問的分類

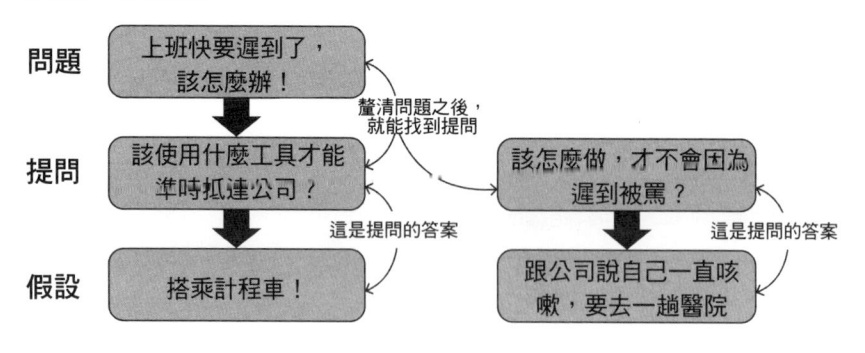

問題	上班快要遲到了，該怎麼辦！	
	↓ 釐清問題之後，就能找到提問	
提問	該使用什麼工具才能準時抵達公司？	該怎麼做，才不會因為遲到被罵？
	↓ 這是提問的答案	↓ 這是提問的答案
假設	搭乘計程車！	跟公司說自己一直咳嗽，要去一趟醫院

將「問題」換成有答案的「提問」之後，自然就會找到「假設」。只要換個說法，就能像是回答「1+1=2」的感覺那樣，所以**要將問題換成能立刻找到「假設」的「提問」才行。**

「問題」「提問」「假設」就像是一條延伸的線，可是在「發現問題與提問」的時候完成置換，之後只須要證明找到的「假設」。是不是很簡單呢？**沒錯，「資料分析」只要抓到訣竅就會變得很簡單。**

順帶一提，這個範例的「問題」不一定是「該怎麼面對遲到」，

也可以是「該如何改變自己，讓自己不要再遲到」。讓我們試著將這個「問題」置換成「提問」吧。該怎麼做才能讓自己在早上 8 點的時候起床呢？幾點睡覺才能在早上 8 點起床呢？此時應該可以想到無數個「提問」。

▎問題與提問的分類②

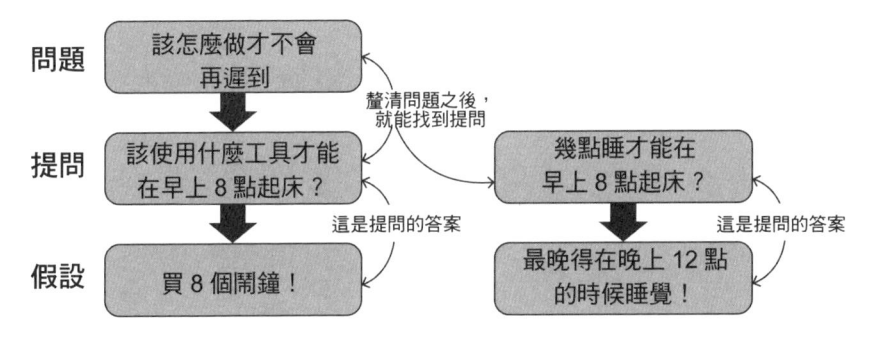

問題	該怎麼做才不會再遲到	
提問	該使用什麼工具才能在早上 8 點起床？	幾點睡才能在早上 8 點起床？
假設	買 8 個鬧鐘！	最晚得在晚上 12 點的時候睡覺！

（釐清問題之後，就能找到提問；這是提問的答案）

　　換句話說，**遇到引起困難的情況時，將什麼事情視為問題，後續的提問、假設以及決策都會完全不同**。

　　前面提過，Problem 的定義是「a situation that causes difficulties（引起困擾的情況）」，如何描述這個「情況」，又想做出什麼決策，問題的內容也大不相同。

▶ 為什麼中島會被打「零分」呢？

　　前面的漫畫提到了知名經營學者杜拉克的「要得到正確答案就得問對問題」，中島也因為這句話而被打了「零分」。

　　順帶一提，杜拉克在 1973 年《管理的實務》刊印的 20 年之前，曾於 1953 年出版了《管理聖經》，他在這本著作提到「**重要的不是找到正確答案，而是正確提問。替錯誤的問題找到正確答案雖然不算危**

險,卻發揮不了任何作用」(《管理聖經(下)》)。

想必大家已經知道中島為什麼被打零分了,因為中島對「業績下滑」這個問題提出了「為什麼賣不好」的提問,再根據3C分析建立了「市場變化」「有競爭對手」「門市很髒亂」這些假設,但是從前面介紹的「問題」「提問」「假設」的觀點來看,這些假設根本文不對題。

理由之一就是「提問」的品質太差。石田認為「為什麼賣不好」是製造商立場的提問,就算找到這個提問的答案,也無法找到解決問題的正確答案(這意思不是說3C分析沒用,而是若用錯地方,再厲害的武器都像是破銅爛鐵)。

這種失誤其實很常在資料分析的過程中見到。如果公司有石田這種能點出錯誤的上司就好,如果沒有,就會開始驗證從製造商立場建立的假設,然後執行錯誤的行銷策略。

因此讓我們根據石田的意見,試著提升「提問」的品質吧!

▶ 提升提問品質的「解析度」

在前面的漫畫裡,石田為了提升「提問」的品質,要求春川與中島「提升解析度」。

解析度原本是用於液晶螢幕或是印刷品的單字,意思是「畫面的細緻度」。比方說「這台液晶螢幕的解析度很高」就是畫質很細緻,整體看起來很清晰鮮明的意思。

後來這個單字又衍生出不同的意思,**所謂「商界的解析度」是指「從俯瞰全局的角度來看,到底能夠看到多少細節」的意思**。這幾年來,在商界越來越常聽到「提高顧客的解析度」或是「事業的解析度太低了」這種說法。

這裡的重點在於包含了「整體」與「細節」這兩個相反的詞彙。這是因為再怎麼累積細節(微觀),也無法得知整體(宏觀),只能得到無數的小細節。小不容大,就是這個道理。同理可證,只有特定部

分的呈現很細緻,其實意義不大,只會讓整體品質失衡而已。

比方說,就算自家公司的製造部門擁有很高的解析度,也不能就此認為「自家公司的生意解析度很高」。材料的調度順利嗎?會計沒問題嗎?業務理想嗎?顧客呢?換言之,**在了解整體(宏觀)之後,也了解細節(微觀),才能說是「解析度很高」。**

筆者常有機會以「畫圖」說明解析度。不了解顧客的人,雖然能畫出顧客左手的細節(甚至能畫出左手的皺紋),卻只能粗淺地描繪人物的輪廓或是右手,然後連下半身都畫不出來。能夠詳盡畫出局部,又能以俯瞰的角度畫出全體,解析度才算是很高。

那麼該怎麼做,才能提高解析度呢?石田提到了要掌握「原因與結果」「具體與抽象」。

▶從「行動」與「結果」思考消費者

在前面的漫畫裡,石田與春川為了改變提問,思考了「原因與結果」。

▍提問的改變過程

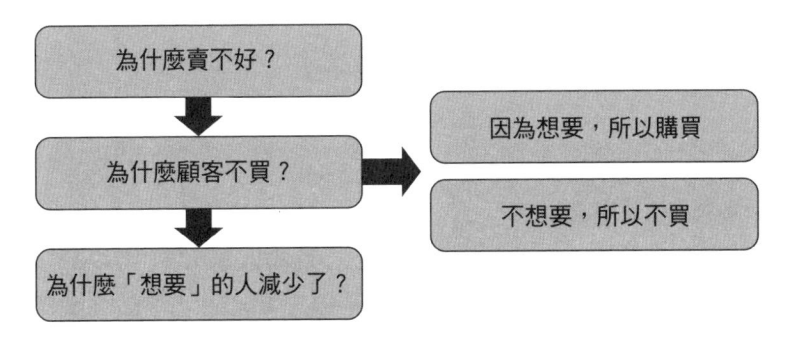

```
為什麼賣不好?
    ↓
為什麼顧客不買?  →   因為想要,所以購買
    ↓                 不想要,所以不買
為什麼「想要」的人減少了?
```

這裡的重點在於想像「原因」與「結果」,也就是「想要」→「購買」與「不想要」→「不買」這兩個組合,再將**「不買」解釋成**

「想要的人減少」,或許顧客的解析度就會提升。

將「賣不好」這個來自製造商的想法換成「不想購買」這個消費者立場的時候,不管是誰都會開始思考「為什麼?」對吧?「因為想要的人減少了」這個說法雖然不起眼,卻已準確掌握了人類的行動,是非常優質的假設(沒錯,這裡也能得到更進一步的「提問」與「假設」)。

筆者過去曾負責行銷市調的工作,**也在那段時間深刻地領悟到,人類的確是原因與結果的集合體**。原因就是「內心」,結果就是「行動」。只要能掌握內心與行動,就能更深入分析資料,但令人意外的是,我們無法取得與「內心」有關的資料。

▎行動來自內心

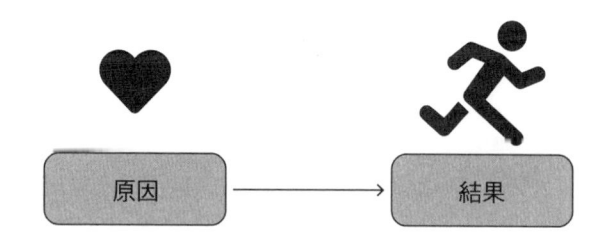

原因 ⟶ 結果

這裡有個小問題。請大家看一下某個消費者的資料。

・常搜尋關東郊區的飯店
・每個月去一次飯店的餐廳(平均單價 1 萬日圓)
・預約時,都會選擇「2 位」
・選擇餐廳的理由都是「約會」

看到這些資料之後,大家有什麼想法?應該會覺得這個客人每個月與另一半約會一次對吧?所以只要向這位客人介紹優質的飯店餐廳,這位客人應該就有可能預約對吧?不過沒辦法知道為什麼每個月在飯店餐廳約會一次。

其實上述的資料來自筆者的行動。

讓我為大家說明藏在這些行動背後的意義。筆者與老婆都在工作,每天都被工作追著跑,很少有機會好好地吃晚餐,不過,我們希望一個月至少一次,沉浸在飯店特有的奢華氣氛中,一邊享用平常吃不到的大餐,一邊面對面坐著,忘我地聊天,享受身心都滿足的饗宴。所以才會每個月去一次東京都各地的飯店餐廳。

雖然這是約會,但如果要以解析度更高的詞彙形容,那就是「維持夫妻關係」的感覺。其實我總是希望老婆維持好心情,意思是,**我希望讓老婆開心,維持好夫妻關係,這就屬於「內心」(原因)的部分,至於去飯店餐廳則屬於「行動」(結果)的部分。**

如果針對前面列出的資料追問「為什麼去約會?」或許就能更了解消費者的「內心」,提升消費者的解析度。

其實筆者覺得這類誘發「行動」的「內心」的資料通常很難取得。順帶一提,我想向正在閱讀本書的大家提出一個挑戰。請大家試著重新分析職場的那些資料,從中找出與「內心」(原因)有關的資料,理論上,應該有 95% 的機會「找不到」。

▶消費者是用「具體」與「抽象」來思考的

在前面的漫畫裡,石田透過漢堡與烏龍麵介紹了「具體與抽象」的概念。其實如此矛盾的人正是筆者自己(真是不好意思,一直拿自己當例子)。

明明本來想吃麥當勞,最後卻變成吃丸龜製麵。一如犬井所述,「在熱騰騰的釜玉烏龍麵放上大量的蔥花與炸酥,攪拌均勻後再一口

氣扒入口中的罪惡感」超級迷人！我超愛吃垃圾食物。

▍以具體與抽象思考

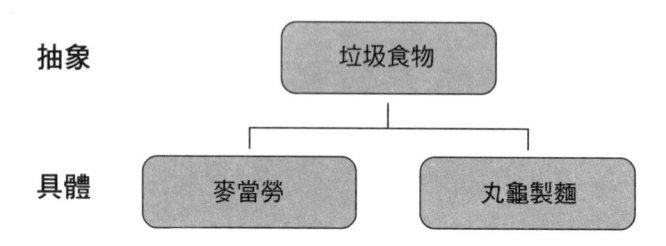

```
抽象            ┌─────────┐
              │  垃圾食物  │
              └────┬────┘
           ┌───────┴───────┐
具體   ┌────┴────┐     ┌────┴────┐
      │  麥當勞  │     │ 丸龜製麵 │
      └─────────┘     └─────────┘
```

　　要提升解析度，就要具體了解情況。不過，一如中島問石田「具體了解情況，就等於提升解析度嗎？」然後被石田否定一樣，只有具體是不行的。**如果只有具體，我就會單純只是喜歡麥當勞與丸龜製麵的人，或只是喜歡漢堡與烏龍麵的人。**

　　石田指出「雖然從具體角度來看是不同的，但是從抽象的角度來看，卻是相同的」。筆者剛剛也提過「人類是原因與結果的集合體」，所以若只將注意力放在結果，也就是「行動」，只停留在「喜歡麥當勞」「喜歡丸龜製麵」這種表面的理解，就無從得知「內心」。從稍微抽象的角度得知對方是「喜歡垃圾食物的人」，就能了解對方為什麼會做出矛盾的行動，也就能進一步提升解析度。

　　將「原因與結果」「具體與抽象」形容成資料分析的成功關鍵也不為過。這部分也會在第 2 章與第 3 章重複說明。

> 故事將進入第 2 章
>
> 本章說明了「資料分析」常見的誤解以及資料的本質,也學到要在「發現問題與提問」的階段提升「問題」「提問」「假設」的精準度,就要重視解析度,也得具備「原因與結果」「具體與抽象」的概念。
>
> 石田為了讓春川與中島學會提升解析度的方法,要他們前往第一線。到底春川與山島會得到什麼體驗呢?第 2 章中將為大家繼續介紹。

第 2 章

找出「提問」

— 觀察力與洞察力 —

你們這些家伙給我
差不多一點，滾出
去！
推
推
真的很
討厭耶！
怎麼了
怎麼了
聽好，我會跟本
部報告這件事！
真的很對不起！
真是的…
都是春川妳一直
盯著顧客看啦！
氣

那只是在觀察顧客的行為啦！
盯
那個人怎麼回事？
話說，中島你也向顧客搭話啊！
咦？
為什麼不買蛋糕呢？
這樣問……對方也覺得很困擾吧？
氣
石田小姐不是要我們「提升消費者的解析度」嗎？直接問最快了！
總之得先回去報告……
可惡…
明明不能在這種地方失敗的……
………？

蛤…
你們兩個傢伙……
幹了什麼好事啊？
真是夠了。那麼你們有因此知道了些什麼事情吧？
GORILLA
放下
銷售部長正式提出抗議了。
氣餒
不知道算不算答案就是了……
那是因為你們只看想看的東西喲。

意思是我們有眼無珠嗎？
對啊。
那我問你們……
你們被趕出店裡時，店裡面有幾個人？男女的比例如何？
呃……
有……四個人吧？
就算被問，也不知道答案對吧？
正確答案是有4人，女性3人，男性1人喲！
就算是這樣，
怎麼會想問客人「為什麼不買蛋糕？」這種蠢到不行的問題啊。
呃！
刺
痛
蠢問題

之前石田小姐告訴我們「不想要，所以不買」……所以才……
我說你啊……
那我問你，你為什麼不是穿 XY 公司的西裝？
因為……
為什麼領帶不是AB公司的？為什麼早餐不是日式的？為什麼要留瀏海？
哪有那麼多理由啊……
沒錯！
不管怎麼問，也問不出不買的理由的，有可能
只是靠習慣來做出判斷，或是靠之前的經驗法則決定。
大腦在放空的狀態下，是不會去深入思考原因的喲。
這也稱為慢思考。

你也有可能是因為曾經被別人稱讚，所以才習慣這麼穿對吧？

例如
被女朋友稱讚
一驚

除了慶祝之外，有些人來店裡買蛋糕可能是沒有理由的。

不過……

說是沒有理由……但真的是這樣嗎？

明明都特地來店裡了……

那我問妳，

妳穿的衣服是不是剛好在門市或網路商店看到，覺得喜歡就買了？

你們兩個要記住，

的確是這樣…
……

這世上不是靠規則來定勝負的！

就像即便知道了將棋的規則，你也贏不了藤井聰太是一樣的道理，靠的是能力與感覺喲。

而所謂的感覺也可以說是觀察力

我對自己的感覺很有自信！

是一喔
那麼，到目前為止，大猩猩總共出現了幾次？

蛤…？
大猩猩？
動物園裡的？

正確答案是6次！

噹
啷

懂了嗎？
這就是觀察力喲。

這是什麼？
在哪裡買的啊？

0分

隔天……
下一站是 ×× 門前
×× 門前……
咳咳
是能力與感覺喲
感覺也可以說是
觀察力喔
觀察力與
洞察力……
我從以前起注意力
就很散漫啊……
!

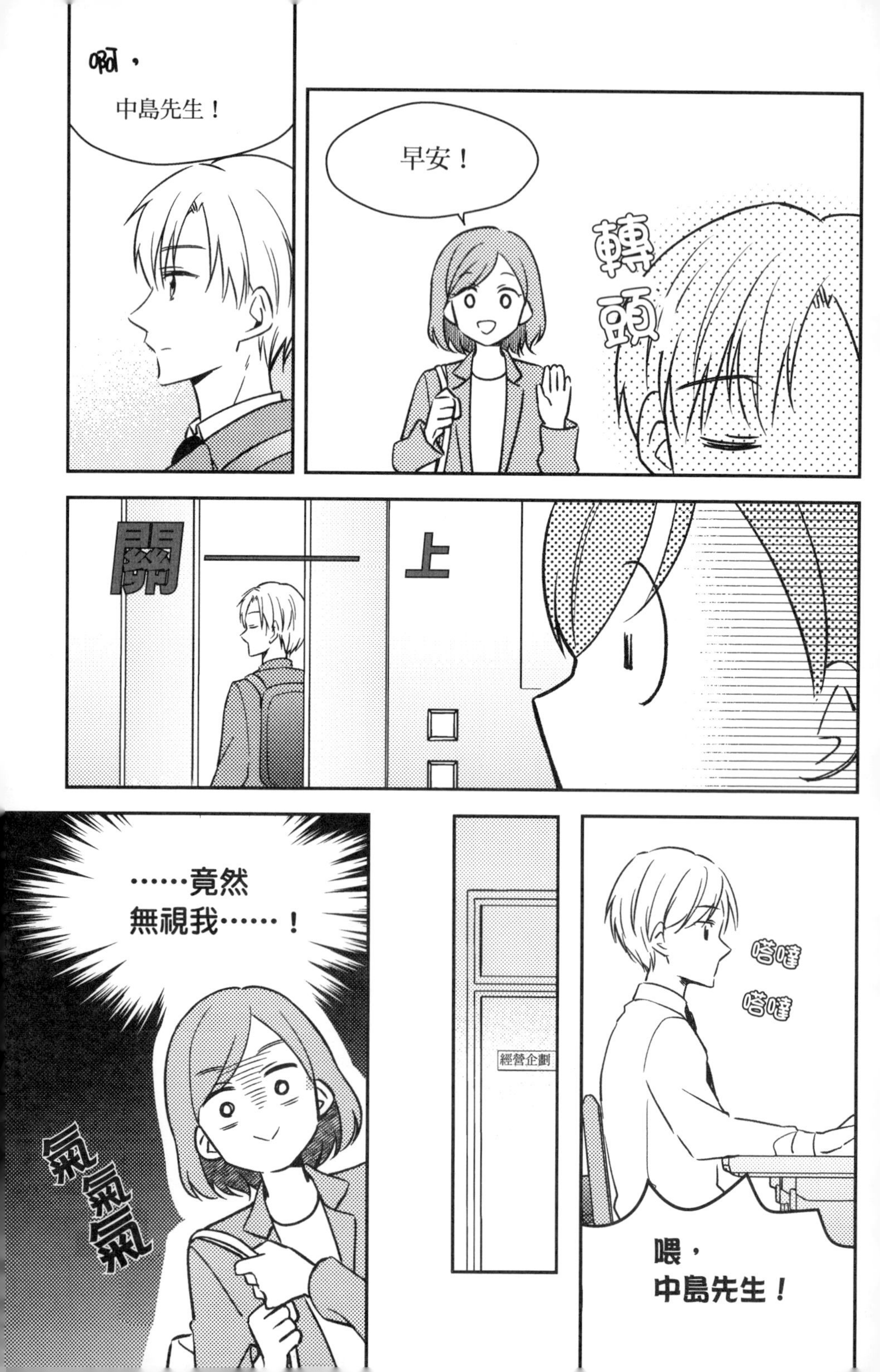
啊，
中島先生！
早安！
轉頭
關
上
……竟然
無視我……！
氣氣氣
經營企劃
嗒噠
嗒噠
喂，
中島先生！

為什麼剛才無視我！
蛤？
妳在說什麼？
我明明跟你說早安，
你居然無視了我！
早安…
哎呀哎呀
從一早就吵嘴啊。
志賀先生，你聽我說！中島先生真是的，一大早就心情不好！
沒有沒有！
沒這回事啦！
你們兩個沒拿出成果就先吵架了？
早安
石田小姐！
早安！

不是啦，是春川怪怪的啦。

蛤？

春川，妳還是處在「只看自己想看」的狀態耶。

沒有半點觀察力啊。

咦？？

寫 寫

春川跟中島打了招呼。

喀喀 A B C

這是 A（activating event）對吧。

春川覺得自己被中島忽視。

A B C

這是 C（Consequence）對吧。

那麼
這個「被忽視了」是個人的主觀嗎？
還是客觀的事實？
順帶一提，中島本人說沒有「忽視」妳喔。
點頭
那是因為……
春川覺得中島個性很糟，會忽視別人的打招呼，是很討厭的傢伙。這是春川的 B（Belief）對吧。
忽視她吧～!!
我才沒有那樣想啦！
那妳有什麼 Belief 才會得出被忽視這個 Consequence 呢？
說不定中島只是沒聽到，或者是在聽音樂啊。
春川覺得自己被忽視，但那不一定是「事實」喔。
只有「中島沒有回應春川的早安」才是事實喲。

意思是Consequence會隨著Belief改變對吧？
也就是C全是主觀的意思。
「只看想看的」
嚴厲
是因為你們心裡存著「東京皇冠就是這樣」的Belief喲。
請拿掉這個成見，觀察真正的事實吧。
若是聽懂了，那今天也去現場吧！
………

真正的事實……

真正的事實……

沒有年輕人……？

咦？

東京皇冠的顧客應該是很喜歡皇冠蛋糕的30幾歲女性才對……

不好意思，想請問一下……

這是什麼？不太健康的感覺。
咦——我不知道耶。
我媽很喜歡這個——
是因為「只看想看的東西」喔
…………
原來是這麼一回事啊……
滑
XXXX XXXXXX
好懷念啊！
XXXX_XXX
好漂亮！
XX_XX_XXX
以前很常吃！
XXXX_XXXXXX
我也想試做看看！
很老派啊……
東京皇冠

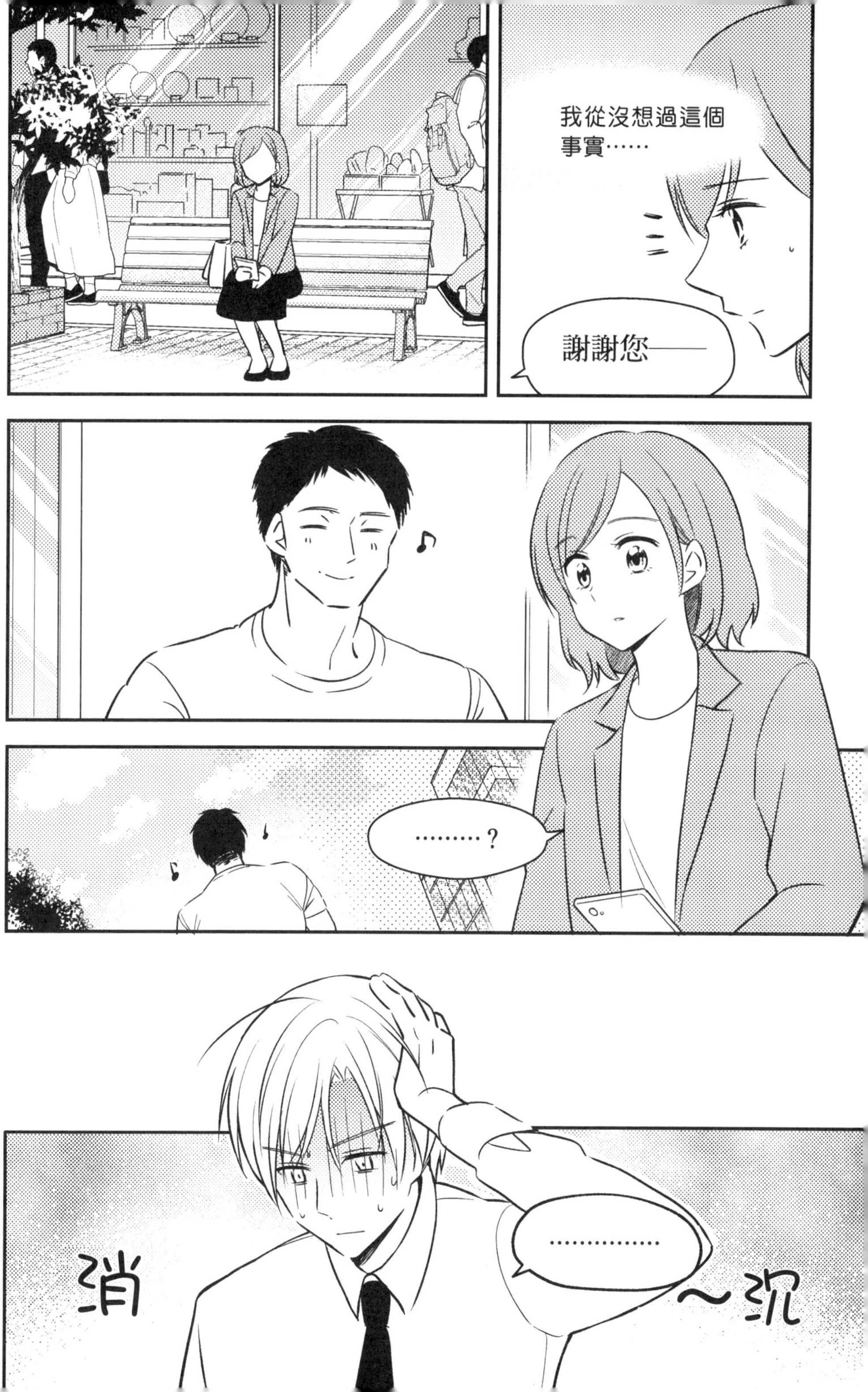
我從沒想過這個
事實……
謝謝您——
………？
……………
消
～沉

真正的事實？
什麼是真正的事實啊……？

營養不足，完全沒辦法想事情……

柴魚乾

鮪肉沙拉

能攝取到蛋白質的沙拉

咦？

御飯糰不受歡迎嗎……？

御飯糰不受歡迎
少吃醣質！
蛋白質才能打造美麗
滑
啊——
的確是這樣呢……
真是的，
我做不下去了啦！
好啊好啊——！
到底是
怎樣啊……
壓力會讓人暴
飲暴食喔。
下次要不要
去吃甜食吃
到飽？
喂——!!
我兩個
都要吃

石田小姐的這個馬克杯……
到底哪裡有在賣啊？
要是弄破了，我會把你踢出總公司喲。
現在已經是令和年代，請全力停止職權騷擾喲～
雖然如此，還是注意到了一些事情對吧？
感覺不像是傳承了幾十年的品牌，不
是被遺忘就是膩了。
只要面對消費者，再怎麼討厭也會知道這些事。
震動
震動
春川
咦？
春川小姐嗎？

犬井先生，我有件事想請你立刻幫我調查！
哇啊！
竊笑
好是好，要查什麼？
請告訴我戚風蛋糕賣得好的店家！
戚風？不是皇冠蛋糕嗎？
對！
………
如果可以，我想知道銷售比率較高的門市！
咔噠咔噠
嗯——我看看……
咦？怎麼回事……？
原宿店、大森店、中野店比其他門市的生意好很多耶。

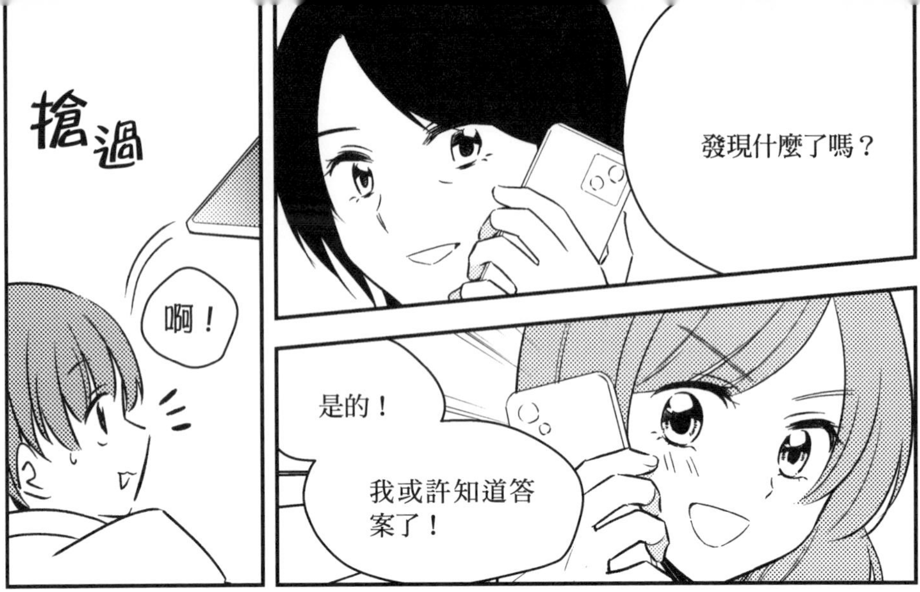
搶過
啊！
發現什麼了嗎？
是的！
我或許知道答案了！

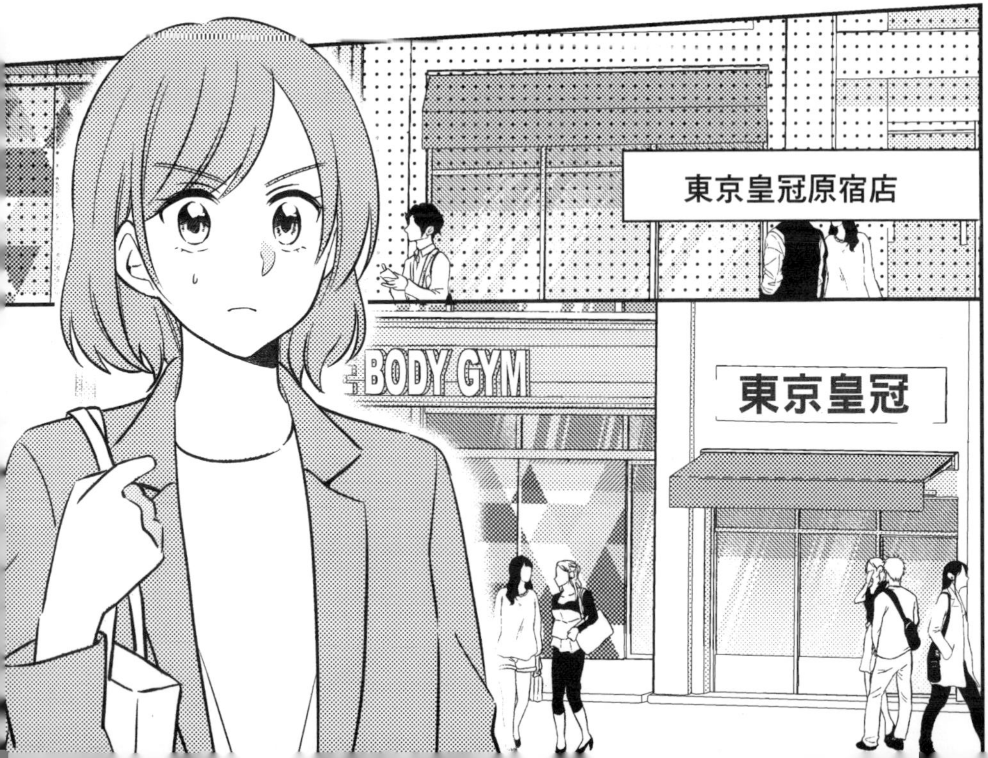
東京皇冠原宿店
BODY GYM
東京皇冠

BODY GYM
開——門
let's w
on you
body
東京皇冠
咻
果然！
噠
東京皇冠的戚風蛋糕只用了蛋白，所以卡路里比較低
關——上
但還是有一定的甜度
重視身材的人都知道這是低醣、低脂的商品啊……

零罪惡感！
甜點
東京皇冠
戚風蛋糕
2入 350日圓
我之前都不知道這件事⋯⋯！
那個人買了戚風蛋糕⋯⋯
那個人買了皇冠蛋糕⋯⋯？
買了那麼多嗎？
感覺不像是會吃甜食的人⋯⋯
請問⋯
不好意思，其實我是總公司的人。能請教一些問題嗎？

啊，
辛苦了～
偷看
那位客人買那麼多嗎？
說是什麼作弊日喲！
聽說是健身界的減重方式。
是喔……
低醣、低脂、減重……
這是從來都沒想過的顧客群
咦？
春川小姐……？

中、中島先生……

嚇一跳！

用力抓!!

!?

說不定他還介意早上那件事……

往前直走

這真是太剛好了！

我很厲害！

春川小姐覺得很煩的時候，會做些什麼？

現在就很煩！

蛤？

請放開我……

做什麼？妳的紓解壓力方法是什麼？	之前裝飾蛋糕的時候也是這樣……
不好意思，情緒不禁有些高漲了…	
嗯……	大概是吃甜點吧……？

果然是這樣！

嚇一跳

到底知道什麼啊……？

我說不定知道答案了喔！

中島小聲點，這裡是門市的門口啊……

說不定又會被趕走

想要的理由啦！

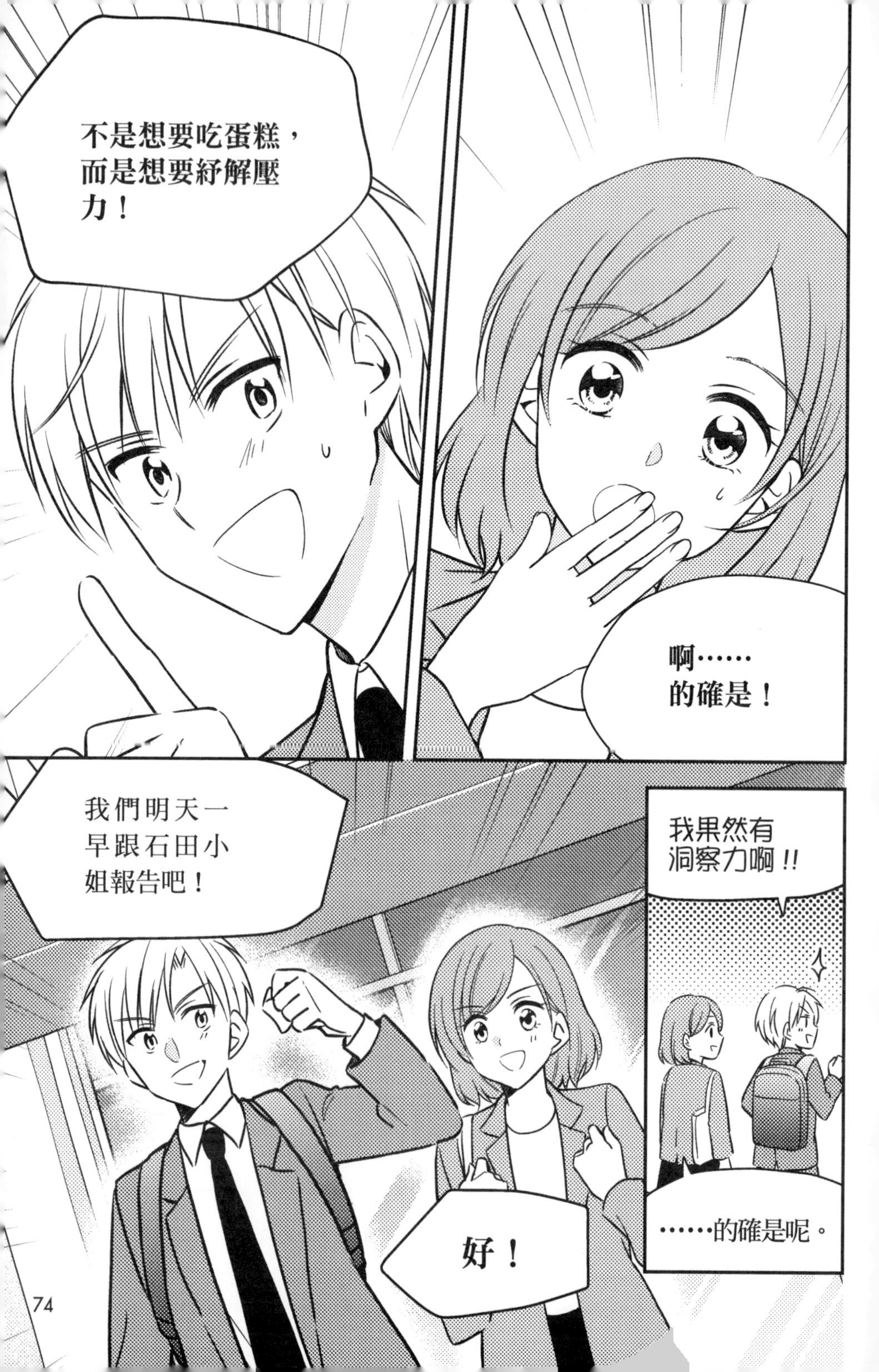
不是想要吃蛋糕，
而是想要紓解壓
力！
啊……
的確是！
我們明天一
早跟石田小
姐報告吧！
好！
我果然有
洞察力啊!!
……的確是呢。

▶「只」看想看的東西

在第 1 章的結尾,找到「為什麼『想要』的人減少了呢?」這個提問的春川與石田為了提升顧客的解析度,繼續在東京皇冠的門市觀察消費者。

然而,在第 2 章的開頭,春川突然被門市趕了出來,還被石田訓了一頓,連銷售部長都來抗議。不過,在石田的指導下,春川學會了「觀察真正的事實」,也找到了「東京皇冠太老派」「因為低醣、低脂而被當成減重聖品」的「假設」。

接下來為了讓正在讀這本書的各位讀者宛如親身經歷般,體驗春川與中島遇到的事情,請讓我仔細說明每個經驗與知識。

第 2 章的主題是「觀察力」。春川因為「不知道自己的答案是否正確」而沮喪,而石田則是指出她「只看想看的東西」。其實筆者也曾被說過一樣的話,當時的心情也的確很不好受。

> 因為妳只看想看的事情喲。

如果在日常生活中能只看想看的東西,那麼筆者會只看著最愛吃的咖哩、拉麵與家人,但其實還是會不小心看到一些很悲慘的新聞或是事件。我原本以為很難縮小視野,只看「想看的東西」……

不過,**就連我們自以為將一切看在眼裡的日常,其實幾乎都是**

「視而不見」。

比方說，石田問春川與中島「被趕出店裡的時候，店裡有幾個人？男女各有幾人？」結果春川與中島都答不出來。

順帶一提，專心閱讀本書的讀者應該也以為自己「看著」那瞬間的景象才對，所以聽到這個問題之後，才會懷疑「什麼？門市裡面有人嗎？」然後往回翻幾頁，確認男女的比例。這個畫面的確與內容無關，所以若是專心閱讀本書，的確有可能會忽略。

如果換算成讀書時間，或許才過了幾十秒而已，但如果是故事中的時間，春川與中島會想不起來被門市趕出來的那個景象，以及被石田說成「缺乏觀察力」或許也是情有可原的。

除此之外，石田還問了她很珍惜、但不知道從哪裡買來的大猩猩馬克杯「出現幾次」。老實說，這個問題應該是在問認真閱讀本書的各位讀者才對。

大家能夠立刻答出來嗎？還是跟剛剛一樣，得先翻回前幾頁，然後數數看這個馬克杯出現幾次？順帶一提，中島連這個馬克杯是大猩猩圖案都沒發現，所以才被石田印上「零分」的烙印。

這問題其實不是在考驗記憶力，**而是在凸顯專心閱讀故事，沒辦法注意旁枝末節的大腦有多可怕，以及以為自己知道幾十秒之前發生的事是多麼可怕的偏見**。

順帶一提，這種現象因為「看不見的大猩猩」（The Invisible Gorilla）這個實驗而廣為人知。YouTube 上有長度約 1 分半鐘的實驗影片，有興趣的讀者可以搜尋「The Invisible Gorilla」或是「selective attention test」。

順帶一提，筆者第一次看這部影片的時候，可說是備受震撼。

影片裡，有穿著白色 T 恤的三個人，以及穿著黑色 T 恤的三個人，第一幕從這些人互傳籃球開始。接著影片顯示要觀眾計算白色 T 恤的三個人傳了幾次球。

由於傳球的速度非常快，所以只能專心看影片。影片淡出後，畫面顯示了「But did you see the gorilla？」（話說回來，你有看到大猩猩嗎？）。「蛤？大猩猩？」由於太過突然，我當時的心境完全跟中島一樣。**當我回放影片才發現，在我專心計算傳球次數時，真的沒看到大搖大擺穿過畫面的大猩猩。**

將注意力放在其他地方時，我們就很可能對某些事物視而不見。**這在心理學稱為「不注意視盲」（明明進入視野卻沒注意到，因此視而不見的現象），由此可知，「只要是沒注意到的事物，就無法察覺」「我們常常對日常的一切視而不見」**。

▶「先建立假設，再收集資料」

分析資料，尤其在「發現問題與提問」的階段，**如果不重視「不注意視盲」這個現象，就很有可能找到自以為是的問題或提問，也會建立充滿盲點的假設**。不過，說是要重視「不注意視盲」這個問題，除了「多注意之外」，還有什麼具體的方法嗎？

筆者要介紹的是前柒和伊控股公司會長鈴木敏文所說的「**先建立假設，再收集資料**」這句名言。「假設」是一種觀察，也是幫助察看資料的工具。

第1章中介紹過會去搜尋飯店餐廳的我的資料，在此再介紹一次相關內容。

・常搜尋關東郊區的飯店
・每個月去一次飯店的餐廳（平均單價1萬日圓）
・預約時，都會選擇「2位」
・選擇餐廳的理由都是「約會」

之前也說明過，其實這分資料是我希望讓老婆開心，維持夫妻關

係這種屬於「內心」（原因）的因素，所以採取了去飯店餐廳的這個行動（結果）。

如果不了解「內心」（原因），只將重點放在「行動」（結果），就會得出「跟某個人單獨去約會」或「總是預約奢華的店，可能對方是很重要的人」這種推論。**這種似是而非的推論會讓人陷入毫無根據的資料深淵。**

不過，如果採訪與上述資料有關的筆者，**會得到「這個人很擔心與老婆的關係出現裂縫」「與其說這個人愛老婆，不如說他怕老婆」的假設，若之後再分析資料，或許對資料的看法就會有所不同，會得出「說不定這個人是為了討老婆開心」的結論。**

▎（圖）建立假設，分析資料

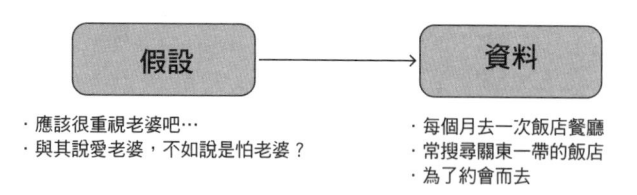

```
┌─────────┐         ┌─────────┐
│  假設    │ ──────> │  資料    │
└─────────┘         └─────────┘
```

・應該很重視老婆吧⋯　　　　　・每個月去一次飯店餐廳
・與其說愛老婆，不如說是怕老婆？　・常搜尋關東一帶的飯店
　　　　　　　　　　　　　　　・為了約會而去

除了假設之外，問題與提問也能有效幫助我們了解資料。

其實資料本來就是「某種具有特定意義的目標物的呈現方式」。不管是數字、客訴還是上傳至社群媒體的自家公司產品照片，都是一種「資料」。我們眼中的日常風景、商務場景都是一種「資料」。**只有找到正確的「問題」「提問」或是「假設」，才能夠知道該將注意力放在這些資料的哪個部分。**

筆者認為，**確認該觀察資料哪個部分的能力就是「觀察力」。**

▶ 「觀察」很困難

為了了解宏觀的事象，又了解細節（微觀），達到「高解析度」

的狀態，就不能受限於「不注意視盲」這個心理學現象，而是要透過「問題」「提問」與「假設」觀察資料。話說回來，要是能做到這點，就不會那麼辛苦了。

筆者也曾在分析資料的時候多次遭遇挫折，所以也常常自責「我真是缺乏觀察力啊」。順帶一提，**本書於序章提到的「計算個數」的小故事，是從筆者的失敗經驗改編而來，現在回想起來，胸口還是很刺痛**。

> 話是這麼說沒錯啦⋯
> 是喔⋯⋯
> 問一下大家，這裡有幾顆草莓？

石田指著裝著切塊水果的盤子問「這裡有幾顆草莓」，這就是「提問」。

中島回答「2顆」，志賀回答「4顆」，犬井回答「3顆」，然而春川則回答「工廠都將切半的草莓當成1顆，所以應該是6顆」。**光是計算個數的方法不同，每個人眼中看到的現實也都不同。**

石田指出「不過是計算桌上有幾顆草莓，每個人的答案卻都不一樣啊」，這其實代表這些人的「觀察力不足，不知道該將注意力放在資料的何處」，只有知道工廠計算個數定義的春川知道該如何計算個數。這也是石田會心一笑的理由。

我們平常都帶著「這個就是這樣」的偏見觀察資料，可以說這些偏見會扭曲資料，讓我們無法找到正確的提問與假設。

也就是說，大部分源自觀察的失敗都與偏見有關。話說回來，將注意力放在資料的何處屬於極度主觀的行為，所以當然很容易產生偏見。

消除偏見是件很難的事，只要無法持續從俯瞰的角度觀察自己：「我的看法或許不太客觀」……就永遠無法提升觀察力，也無法正確分析資料。

所以觀察是件比想像中困難的事，而且可以說十分深奧。

有一個與觀察力有關的好問題。東京藝術大學美術系繪畫科油畫組在 2020 年第一次術科考試時出了**「請畫出『拿蘋果的手』『拿紙的手』『什麼都沒拿的手』」這道題目**。

「畫拿蘋果的手、拿紙的手，這題目太簡單了吧？」或許大家會這麼覺得，但大家不妨畫畫看拿蘋果的手吧。用想像的就好，請想像一下「拿蘋果的手」是什麼樣子。

有些人會畫成雙手小心翼翼地拿著，有些人則會畫成放在掌心的樣子，有些人則會畫成拿著側面的樣子，甚至有些人會畫成只拿著蒂頭的樣子。這道題目也提醒考生「仔細觀察目標物，精準畫出固有的型態、質感與色彩，以及如何思考這道題目，呈現這道題目」。由此可知，這也是在考驗考生的觀察力。「拿著蘋果的手」沒有正確答案，**須要考生具備主觀與客觀的觀察能力，前者是「如何看待這個世**

界的方法」，後者是「能多精準描寫眼前事物的能力」，所以筆者覺得這是一道非常優異的題目。

換句話說，透過問題、提問、假設觀察資料，等於是在無限延伸的主觀風景畫出客觀的輔助線。筆者認為這就是**兼具主觀與客觀，同時符合科學的資料分析所具備的「藝術特質」**。

順帶一提，在不知不覺間學會這種「觀察力」的春川與中島在第2章的後半段培養出了「客觀的觀察力」，所以才能從不計其數的資料中，找出「在健身界相當受歡迎的戚風蛋糕」以及「想戒醣，卻為了紓解壓力而大吃甜點的矛盾」。

▶人類會「不自覺」地說謊

不過，透過「主觀」與「客觀」的觀察力察看資料這個行為本身難度很高，筆者認為是「難以破關的遊戲」。

筆者平常從事行銷工作，**長期從主觀與客觀的角度觀察資料後發現，人類總是會「不自覺」地說謊。由於人類本身就是相當「主觀」的存在，所以才須要訓練觀察技巧。**

每個人都希望呈現自己優秀的一面，所以會不自覺做出「討人喜歡的行動」「別人覺得很棒的行動」，也會盡可能不做「被討厭的行動」「別人覺得不好的行動」。

過去進行某項商品的採訪時，受訪者曾跟我說：「若是買 Mister Donut，會先全部從袋子拿出來放到盤子上，再跟家人一起分享」「每週會用廚房清潔劑 Haiter 將廚房的砧板殺菌 2 次」「重要的衣服都會手洗」，當時我覺得對方「過得真是精緻啊」，但後來我才明白，這些答案都是受訪者想要「假裝自己過得很好才說的謊」。

大部分人都是直接拿著袋子吃，吃不完再用保鮮膜包起來，放進冰箱冷凍，至於廚房清潔劑 Haiter 三個月恐怕用不到一次，也很少真的手洗衣服。或許這些人真的這麼做過，所以這也不算是真的說謊，

但我還是覺得「實在不須要如此愛面子」。

 於美國企業工作的某位行銷人員曾說「Consumers in reality often do things differently than what they say they do」(真實世界消費者做的事情，常常與說的事情不一致)。

 這不是在指責消費者言行不一或是朝令夕改，只是想跟大家說，最好要知道人類對沒有興趣的領域很難從一而終這件事，而且改變心意之快，甚至會讓正在閱讀本書的大家大吃一驚。

 只要沒有興趣，哪怕是剛剛才聽到的事情，也只能記得大概而已，但筆者認為，這些受訪者想呈現自己好的一面，所以才會回答「生活過得很精緻」這類答案。

 總之，據說**人們會覆寫並遺忘那些困擾或是煩惱事項的記憶。人類的大腦就是會做出如此「隨便」的事**。結果就會「不自覺地說謊」。

 正在閱讀本書的大家，應該多少都有一、兩次類似的經驗吧。

▶ 傾聽「無聲之聲」的定性調查

 在新冠疫情爆發之前，少子化問題相對嚴重的地方政府曾拿著「不結婚的理由」的調查結果來找我諮詢。

 這項調查提出了「以下選項中，哪個是不結婚的理由」這個問題，選項包含了「沒機會認識新朋友」「收入不足」「父母親反對」「時間點不對」，其中最多人選擇的選項是「沒機會認識新朋友」。因此政府機關傾全力舉辦配對活動，但一開始沒什麼人參加，反應不太熱烈。

 「明明是因為受測者說沒機會認識新朋友才舉辦配對活動的啊……到底是哪裡出了問題呢？到底該怎麼做才好？」

 負責人如此問我時，我心裡想的是「這麼做，當然會這樣啊……」

 乍看之下「沒機會認識新朋友」是最容易選擇，也最安全的選項，但背後或許藏著「戀愛很麻煩」「結婚制度很老派」「生了小孩，

就會失去自由」「父母親或是親戚一直催生小孩很煩，所以討厭結婚」這類不想告訴別人、又很負面的「真心話」才對。如果有這些選項，或許調查結果就會改變。

換言之，有些資料必須將焦點放在人類的內心（原因），再不斷深入探討才能取得。**像這樣傾聽這類「無聲之聲」，挖出原本看不見的資料，提出正確的提問**，也屬於資料分析的一部分。

在行銷的世界裡，這種傾聽「無聲之聲」的手法稱為定性調查。具體來說就是**「透過詞彙與詞彙的意義了解、分析消費者的調查」「透過某些詞彙向消費者提出問題，或是傾聽消費者的意見後再進行分析的調查」**。「詞彙」在這類調查中扮演著重要的角色。

順帶一提，傾聽「無聲之聲」的定性調查能夠察覺受測者是否「不自覺地說謊」。

定性調查的手法非常多元，例如「深度訪談」這種採訪者與受訪者一對一對話的調查手法，或是「民族誌」這種近距離觀察與記錄目標對象行動與環境的手法。之所以能察覺那些「生活過得很精緻」的回答只是在打腫臉充胖子，就是透過「民族誌」這種調查手法。

中島問光顧門市的顧客「為什麼不買蛋糕」其實也是一種定性調查，不過石田卻直接了當地說這是「**蠢問題**」。

這是因為人類能夠用語言形容的，只限於自己看得見的範圍，看不見的範圍就無法用語言形容。

比方說，有時候顧客會莫名買下某種商品，或買下感覺不怎麼樣的商品，此時若是問顧客：「為什麼買了那項商品？」「為什麼不買那項商品？」也問不出答案，無法聽到「無聲之聲」。

如果此時還一再追問「為什麼不買？」「為什麼會買？」對方就會被迫亂編理由，隨便回答一個答案，而這就是「**不自覺地說謊**」。

中島被石田問「為什麼不是穿 XY 公司的西裝？」「為什麼領帶不是 AB 公司的？」「為什麼留瀏海？」的時候，不假思索地回答了

「哪有那麼多理由啊⋯⋯」接下來就「無」話可說了。之所以只能說明「莫名地就⋯」的情況有無數多種。

(圖)因為看得見所以能夠察覺,因為看不到就無法察覺

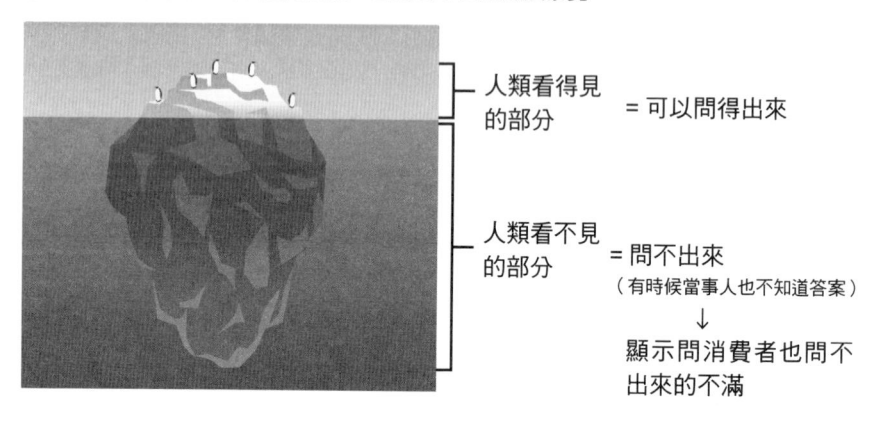

人類看得見的部分 = 可以問得出來

人類看不見的部分 = 問不出來
(有時候當事人也不知道答案)
↓
顯示問消費者也問不出來的不滿

　　如果費盡心思才想出無論如何都想買的東西、非常需要的東西、不得不買的東西,此時只要問對方為什麼購買,通常能夠得到理由。不過,若只是依照慣性或是過去的經驗法則決定買或不買,恐怕就問不出理由。

　　春川被問到身上的衣服「是不是在門市或網路商店剛好看到,所以就買了」的時候,也是被問得啞口無言。所以真的很難具體回答這種無法具體描述的理由。

　　筆者認為,從行為經濟學者丹尼爾康納曼著作《快思慢想》中介紹到的「**快思考與慢思考**」,可以找到這些理由的線索。

　　所謂的快思考屬於不假思索與直覺的思考模式,也是憑藉著印象與聯想得出結論,根據習慣採取行動的狀態。

　　慢思考則屬於經過深思熟慮,符合邏輯,需要注意力,透過複雜的計算或邏輯導出答案的狀態。

　　我們很難隨時維持慢思考的狀態,大腦會因為過度運轉而疲勞,

也會失去專注力,所以基本上大腦都是在捷思法這種快思考的狀態下做出決定。只有在「居然能讓本大爺認真起來啊……」的這種時候才會切換成慢思考的狀態。

比方說,九九乘法、綁鞋帶、轉開寶特瓶的蓋子都只須要在快思考的狀態下就能完成,但是回答 69×88 等於多少?或是須要在複雜的文件填寫相關資訊時,就會切換成慢思考。

由於快思考屬於直覺式思考模式,所以常常會答錯那些「只要仔細想想就絕對不會答錯的問題」。比方說,大家常去買東西的超市,以及有心願想求時會去的神社,何者的數量比較多呢?

根據日本加盟連鎖商店協會公布的 2023 年 5 月分資料,日本的超商總數為 56,724 間,2022 年日本宗教年鑑則指出,日本全國的神社有 80,847 間,所以神社的數量比較多。

如果只去超商,就會透過快思考得出「全國各地都有超商,所以超商比較多」的結論,但只要仔細想想就會知道,歷史攸久且於各行政區扎根的神社一定比較多。

讓我們將快思考與慢思考套入前面的例子。

- 耗盡心思想出無論如何都想買的東西、非常需要的東西、不得不買的東西的情況。
  →慢思考

- 依照慣性或是過去的經驗法則決定買或不買的情況
  →快思考

第 1 章提過,要提升解析度就要「掌握原因與結果」,可以說,慢思考是透過邏輯思考原因與結果,再進行選擇的狀態,快思考是透過瞬間的想法進行判斷,回顧過程也找不出原因的狀態。

中島為什麼不是穿 XY 公司的西裝？領帶為什麼不是 AB 公司的？為什麼留瀏海？由於這些事情都是在快思考狀態下決定的，所以找不到理由，我們姑且可以如此解釋。

　　不過，消費者若是無法具體回答理由，就無法提升解析度與分析的精確度，所以**要透過定性調查分析快思考的行動與資料可說難度頗高**。或許就是形容成「最難破關的遊戲」也不為過。

　　當然也不是無計可施。在此為大家介紹三種方法。

▶ S-O-R 理論

　　人類是非常奇妙的生物，有些人可以為了老公與小孩，每天早上6點起床做便當，有些人則選擇將冷凍食品放進便當盒，再放進冰箱冷藏一晚，讓冷凍食品自然解凍。有些人會在很痛苦的時候陷入極度的悲傷，有些人則會反過來咯咯笑。就算面臨相同的狀況，每個人的反應都不一定一樣。

　　筆者認為，在不同狀況下做出不同反應是「人性」。人類在改變看法時，會針對內心（原因）做出不同的行動（結果）。所以才說有必要提升每個人的解析度。如果大家都一樣，就不須要深入理解。

　　「明明是同樣的刺激，為什麼每個人表現出的反應不一樣呢？」針對這個問題，美國心理學者克拉克萊昂納多赫爾提出了以 Stimulus（刺激）、Organism（有機體）、Resppose（反應）這三個單字首字母組成的 S-O-R 理論。簡單來說，Organism（有機體），也就是生物對於 Stimulus（刺激）的認知、感覺、感受都不同，所以會做出不同 Response（反應）的理論。

　　這個理論的重點是 Organism（有機體）。每個人有不同的「O」，所以就算是同一種「刺激」，也會做出不同的「反應」。

　　如果是正在減重、不能吃甜點的人被邀請一起吃東京皇冠的蛋糕，恐怕對方會回答：「今天不太方便。」如果是「減重歸減重，甜點

歸甜點」的人，則有可能回答：「當然要去！」每個人的反應都會隨著認知而改變。

▎（圖）S-O-R 理論的示意圖

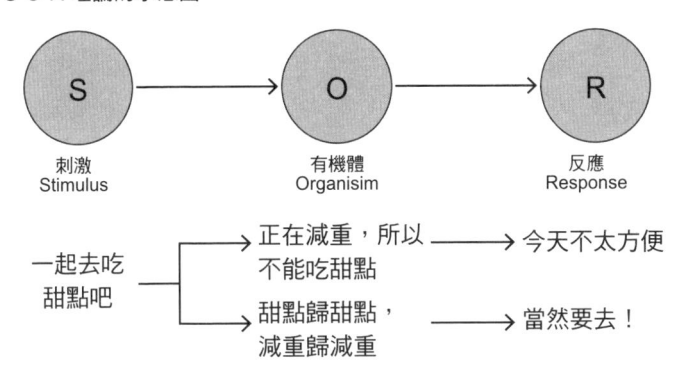

```
    S  ──→  O  ──→  R
   刺激      有機體      反應
 Stimulus   Organisim   Response
```

一起去吃 ──→ 正在減重，所以 ──→ 今天不太方便
甜點吧　　　 不能吃甜點
　　　　 ──→ 甜點歸甜點， ──→ 當然要去！
　　　　　　 減重歸減重

如果是快思考的狀態，**與其探索原因，不如探討認知、感覺、感受是如何形成的，比較有較高可能性取得優質的資料。**

筆者以前曾出席愛書成痴、隨時隨地都在讀書、讀報紙、讀網路報導與文章的人的採訪。

由於不管怎麼問都問不出原因，所以將重點放在認知、感覺與感受，結果發現對方在小時候，父母親總是不斷灌輸他「讀書可以變聰明」（不過我覺得這種教育有點莫名其妙）的思想。換言之，受訪者心裡存著「不讀書就會變成笨蛋」的恐懼，所以才會讀書讀到接近走火入魔的地步。

▶ ABC 理論

在前面的漫畫裡，春川因為覺得自己被中島忽視而生氣，不過在石田居中協調後，事情就此平息，而其中提及的 ABC 理論則很適用於充滿主觀的定性調查。

(圖）何謂 ABC 理論

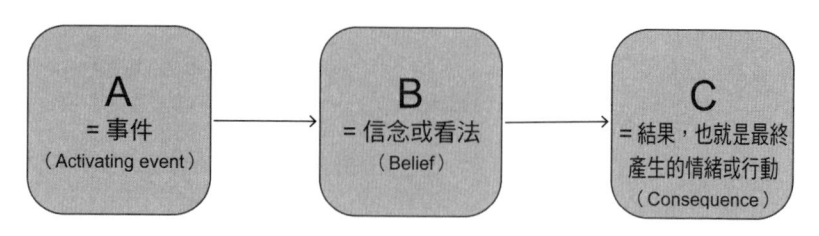

```
    A                    B                    C
 = 事件      →      = 信念或看法    →    = 結果，也就是最終
(Activating event)      (Belief)              產生的情緒或行動
                                              (Consequence)
```

美國心理學家亞伯特艾利斯（Albert Ellis）發現，**不是事件造成結果，而是對事件的信念造成結果**，因此以事件（Activating event）、信念或看法（Belief）、結果，也就是最終產生的情緒或行動（Consequence）這三個單字的首字將這個理論命名為 ABC 理論。

假設發生了「工作失誤，被上司責備」的事件（Activating event）。如果覺得「失誤被罵很丟臉」（屬於信念或看法的 Belief），就有可能產生「心情很低落」「失去工作幹勁，導致工作出問題」這類情緒或行為（Consequence）。

另一方面，如果「覺得被罵是應該的」（屬於信念或看法的 Belief），就有可能產生「更加努力」「更有幹勁，工作速度更快」這種情緒或行為（Consequence）。

簡單來說，一切端看「心理建設」。就算身在地獄，也可以感到幸福；就算人在天堂，也有可能覺得痛苦。**ABC 理論主張信念或看法（Belief）會影響最終的情緒或行為（Consequence）**。

在前面的漫畫裡，春川認為自己「被中島忽視」，但這只是事實與主觀交雜的個人意見。中島有可能沒聽到春川的聲音，或是沒看到春川，或可能是在聽音樂，但不管理由為何，只有「中島對春川的問候沒反應」是事實。

我們不知道春川是以何種信念或看法（Belief）看待中島，但只要不把中島當成「會忽視他人的傢伙」，應該不至於會根據事件（Activating event）得出「被忽視，很不爽」這種情緒或行為

（Consequence）。

在解說的開頭提到**「我們平常都帶著『這個就是這樣』的偏見在觀察資料，而這些偏見會扭曲資料，讓我們無法找到正確的提問與假設」**。其中的偏見就屬於信念與看法（Belief）的部分。

如果根據自己的信念或看法（Belief）觀察快思考狀態下的行為，有可能永遠也找不到行為背後的原因。在定性調查的世界裡，有些行銷人員會把了解目標對象的看法、思考模式與行為模式的努力稱為「過於依賴目標對象的行為」。

▶ **用途理論**

筆者的工作雖然是「行銷」，但總覺得再沒有比這個工作更容易被誤解的工作了。**常常有人覺得行銷人員使用了無形的魔法，強制性地讓消費者掏錢買商品或服務。**

這世上當然沒有什麼魔法，大家應該也從來沒有過被催眠，然後莫名其妙買下商品或服務的經驗吧（如果有，請立刻去公平交易委員會投訴）。

老實說，行銷人員只是讓消費者產生「想買看看」的念頭，然後讓消費者實際購買，藉此創造業績。為此，商品或服務必須能夠解決消費者的「問題」或煩惱。

筆者過去曾經每天過著從早上 9 點開會，開到下午 5 點的日子，當時連在辦公室吃午餐的時間都沒有。開完會後，像是撿回一條命般溜出辦公室，走到距離 3 分鐘左右的超商，買個甜點或是飯糰填飽肚子。由於每天都這樣，連店員都認識我了。

筆者雖然很常為了買甜點或飯糰去超商，但其實沒有真的想買甜點或飯糰。

之後某次我知道了在單程約 7～8 分鐘遠的位置有一間星巴克，於是，我每個平日幾乎都會在星巴克買拿鐵。我當然不是中了星巴克

的催眠術,當然也沒被洗腦。

這其實與第 1 章介紹的「從麥當勞改買丸龜製麵」一樣,都是矛盾的行動。雖然我很難說清楚理由,但某一天突然覺得,「**或許我購買的是一個人放鬆的時間,或是一個人靜靜充電的時間**」。

後來之所以從超商換成星巴克,是因為能擁有更多一個人放鬆的時間,而且離辦公室也不會太遠,更何況星巴克的氣氛更棒,能讓心情變得更好。**這麼一想,我便發現每天都去星巴克的消費者說不定「不是真的想買星巴克的商品」。**

消費者雖然買了產品或服務,但其實買的不是這些東西,而是產品或服務背後的「價值」。換句話說,價值才是消費者「購買商品的理由」。

中島在提高消費者的解析度之後發現了這件事,也找到買蛋糕的人不是因為想吃蛋糕,而是想要透過甜點消除壓力的假設。

美國知名經營學者克萊頓克里斯汀森(Clayton Magleby Christensen)曾在著作《創新的用途理論》提到:「**基本上,我們購買商品這件事與為了完成某項任務而『雇用』某個東西無異**」。所謂的「任務」就是「待辦事項」的意思。

我為了解決「想要單獨一個人靜靜充電」這個任務而「解雇」了「雇用」很久的超商,重新「雇用」了星巴克。

在快思考的狀態下,**與其探索原因,將注意力放在價值,也就是消費者為什麼「雇用」或「解雇」商品,更有機會找到優質的資料**。

從資料來看,在我每個平日都去超商的時候,我一定是超商的「重度消費者」,但其實那時的我是「只要有更好的地點,就會立刻變心的消費者」,完全沒有半點忠誠可言。

▶ 找出「購買的理由」

我們的日常生活中充斥著「購買的理由」。

筆者一年會去打幾次高爾夫。為了提振心情，從早上的第一洞開始就會喝點酒，但如果喝的是啤酒，手就會不太聽話，而且我雖然喜歡喝「HOROYOI微醉」這款氣泡酒，但是這款氣泡酒的設計太過可愛，在一群臭男人一起打球時，喝這種酒會讓我覺得自己很丟臉，不過我也不太喜歡無酒精啤酒的味道。

不過那時候出了一款很美味、很助興，酒精濃度又只有 0.5% 的類啤酒飲料「Asahi Beery」，這對當時的筆者來說，可是打球絕對少不了的飲料。筆者為了解決在高爾夫球場助興的這項任務，於是長期飲用了「Asahi Beery」。

筆者不太害怕一個人做任何事，但是想多吃點肉提振士氣的時候，卻實在不太敢一個人去烤肉店吃烤肉，因為這些店通常都是全家一起去，不然就是跟男女朋友或一群朋友一起去，所以每次天人交戰之後，最終都是得出「還是去吉野家吧」的結論。

對那時候的筆者來說，能夠一個人大啖烤肉的燒肉 LIKE 是不可或缺的餐廳。筆者為了解決吃肉、補充活力這個任務，就一直雇用「燒肉 LIKE」。

那麼東京皇冠的蛋糕又能解決什麼任務呢？表面上看起來是能解決「想吃蛋糕」這個任務，但這一切的背後沒有所謂的「價值」。**石田將蛋糕形容成在發生好事的「值得慶祝的日子」裡吃的獎勵。**

其實在冷藏設備剛開始普及的 1960 年代，將外形如同皇冠的和菓子（就是現代的飴細工與砂糖）放在草莓奶油蛋糕上面的皇冠蛋糕造成轟動之後，就長期確立下「女性嚮往的品牌」的地位，所以才會是一種「獎勵」。

另一方面，春川也發現皇冠蛋糕

的地位已開始動搖,一步步成為年輕人不愛的「老派蛋糕」,這意味著「消費者購買皇冠蛋糕的頻率」越來越低。

能在同一個時間點發現「戚風蛋糕是低醣、低脂的蛋糕,所以健身界的人很愛買」這個理由算是相當幸運。曾在製造部服務的春川不知道的是,這是最近的潮流,還是只有內行人才懂的流行。

換言之,不管是「價值」還是讓「價值」具體化的商品、服務,兩者之間的關係不會永遠不變。價值、消費習慣、服務都會隨著時代不斷改變,能因應這些變化的品牌能夠存活,無法因應的則會被當成「過時的品牌」,漸漸從消費者的視野中消失。

或許最終就會像東京皇冠一樣,成為「老氣的品牌」,被迫賣掉相關事業。

▶ 消費者購買的是「價值」

由於用途理論是非常重要的概念,容我再為大家多說明一點。

假設消費者買的不是商品、服務,而是價值的理論為真,我們眼中的「競爭對手」、商品或是服務就有可能跟消費者所想的完全不一樣。

這是因為,**製造商會視類似的商品或服務為競爭對手,但消費者則是將重點放在商品或服務的價值上,視類似的價值為競爭對手。**

以前在分析能量飲料的時候,曾經找到「在好像快要發燒,想要補充活力的時候會喝」這個「購買理由」。那麼若是調查消費者想要補充活力時,會想到哪些商品或服務,除了能量飲料之外,還有「二郎系的拉麵」或是「泡熱水澡」。

這意思是,若從製造商的角度來看,競爭對手的範圍很狹窄,但是從消費者的立場來看,互相排擠的商品則有很多。無論何時,消費者都有從無限多種選項中,挑出能夠解決任務的商品或服務的自由。

第1章介紹的杜拉克就曾說過下列這番話,雖然內容有點長,卻是一針見血。

> 顧客買的不是商品,是為了滿足慾望而買。顧客買的是價值。
> 製造商認為消費者是不理性的,但我們要記得,沒有不理性的消費者。消費者都是基於實際情況,採取合理的行動。
> 對十幾歲的女孩子來說,時尚是再合理不過的事情。飲食與住處都由父母親提供,但是對於不會在週末出門玩的年輕主婦來說,所謂的時尚根本不重要。
> 顧客買的不是產品,而是為了滿足慾望而買。顧客買的是價值。對此,製造商生產的東西沒有價值,製造商只是生產了產品,因此製造商認為有價值的東西,在顧客眼中,很可能是沒有意義的垃圾。
> (《管理學(上)》)

筆者深深覺得,**以經營或行銷為目的的資料分析的第一個重點就是「站在消費者的立場找出問題、提出問題與建立假設,而不是從製造商的角度思考」**。不要問「我們想賣什麼」,而是要思考「顧客想要買什麼」。

讓我們稍微回到前面的內容。在第1意的時候,石田曾提到「製造商都覺得將門市形容成『買場』而不是『賣場』很正常」,這與站在消費者立場提出問題與建立假設是一樣的意思。

不過,一如最近「在抖音賣吧」這種說法,許多站在製造商立場的說法層出不窮。筆者認為,抖音沒有做出「不對不對,不是『賣』唷,是『買』喔」的修正,就充分說明了抖音真正的「顧客」到底是誰。

故事將進入第 3 章

本章說明了該將注意力放在資料何處的觀察力,也說明了將焦點放在消費者的定性調查有多麼困難,同時還知道不利用 S-O-R 理論、ABC 理論、用途理論這類手法(當然還有很多種手法)剖析快思考,看穿消費者在潛意識底下說的謊,就能得到資料這件事。

春川與中島分別找到了「提問」的「假設」。要求他們「去現場」,提升解析度的石田會有什麼反應呢?讓我們進入第 3 章一探究竟吧。

第 3 章

建立「假設」

— 演繹法與歸納法 —

………

還不錯嘛，
兩個人都有所斬獲。

耶！

切開

為了不讓表面烤焦，並避免水分在放涼的時候揮發，我們花了不少心思呢。

好吃～

好厲害！很濕潤耶～

志賀先生真的很了解現場耶。

找出真正的事實，

是建立假設的第一步喲。

在泡沫經濟瓦解之前，我們的品牌很受10幾歲到30幾歲的女性歡迎，許多放學回家的女高中生都會在門市排隊，當時也被評為是適合送給年輕女性的伴手禮。

寫寫

若以歸納法來整理……

歸納法？

就是觀察各種現象，找出共通之處，再得出結論的思考模式喔。

結論	很受10幾歲～30幾歲的女性歡迎
現象	放學回家的女高中生會來買 / 做為送給年輕人的伴手禮有很高的評價

是喔

從以前到現在，公司的人就一直在說這個從現象導出來的結論喔。

曾有這樣的時代啊……

我聽說過，公司曾經做過向10幾歲～30幾歲女性宣傳商品的企劃。

歸納法的優點在於找出結論之後，就算是未曾遇到過的現象，
寫
做為送給年輕人的伴手禮有很高的評價
一樣能得出「應該是與結論相同現象」的這種結論。
不用調查每個現象，所以很輕鬆耶～
原來如此……
結論雖然很抽象，
但現象卻很具體嗎……
說得沒錯。
有時候也會說出一針見血的意見嘛。
害羞
泡沫經濟瓦解後，行銷方面的投資減少了不少，10 幾歲～ 30
幾歲的女性選買皇冠蛋糕的機會也減少了……
目前的情況是只剩下早期的支持者還在買。

的女性歡迎

寫

明明現況已經不同，卻還沒擺脫過去的結論……

做為送給年輕人的伴手禮有很高的評價

這就是東京皇冠的現況！

放學回家的女高中生會來買

我找到的…是與現今公司結論完全不同的現象。

也可以說是矛盾呢。

假設就是源自於這些矛盾喔！春川看清了事實，找到了與結論相悖的矛盾。

結論	很受 10 幾歲～30 幾歲的女性歡迎
現象	放學回家的女高中生會來買 / 做為送給年輕人的伴手禮有很高的評價

結論	雖然不受 10 幾歲～30 幾歲的女性歡迎，但是受到從以前買到現在的 40 幾歲～60 幾歲的女性歡迎
現象	放學回家的女高中生根本不知道皇冠蛋糕 / 主婦或是奶奶會買 / 健身的人會買

所以～！
我試著重寫了一遍結論囉。

但這目前還只是假設而已。

若是理所當然的結論被推翻，發現了無法以「歸納法」解釋的現象，就得導出新的結論。
這就是建立「假設」的方法。
這就是東京皇冠目前的狀況……
這也是符合邏輯的框架吧……
寫
30幾歲的女性歡迎，
60幾歲的女性
雖然不受
但是受
健身的人
會買
我們也發現了不符合結論的現象。
女高中生
主婦或奶奶會買
激動
是的！
是胸肌很大的男性！
是喔
那改寫結論吧。

結論

受到從以前買到現在的 40 幾歲～60 幾歲的女性歡迎，而且也很受認真健身的人歡迎

現象

放學回家的女高中生根本不知道皇冠蛋糕	主婦或是奶奶會買	健身的人會買

你的發現也很有潛力喔。

至於中島的企劃……

太好了!

若以演繹法來表現中島的發現……

寫

演繹法…?

小前提
肉類與魚肉含有多量的蛋白質

結論
肉類與魚肉能讓人變得美麗與製造肌肉,所以每餐都該攝取

大前提
蛋白質能讓人變得美麗與製造肌肉,所以每餐都該攝取

演繹法是分析宛如真理的大前提,再從這個前提得出結論的思考方式喔。

嗯嗯

就是若A等於B、B等於C,則A等於C的思考模式吧?

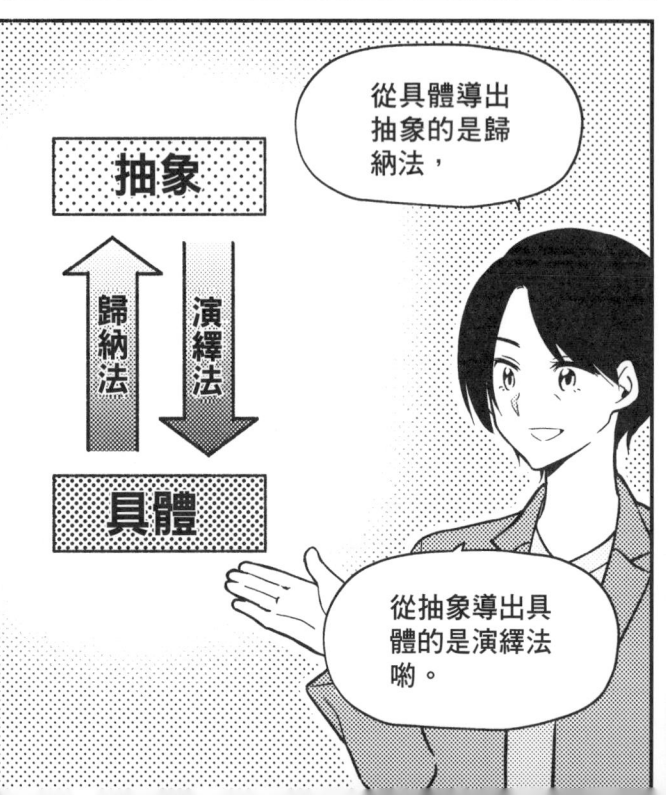

哇啊啊!!

嚇到!

是大道理~~!!

我超討厭大道理的……

嗚

嚇我一跳

前提是一種常識，所以常被當成「正確的事」。

咦？這次從抽象的前提得出具體的結論了耶。

與歸納法相反。

說得沒錯！偶而會說出一針見血的意見嘛。

從具體導出抽象的是歸納法，

抽象

↑歸納法 演繹法↓

具體

從抽象導出具體的是演繹法喲。

104

之所以越來越少人在超商買含有碳水化合物的食物,應該就是這個原因吧……?

碳水化合物減重法一直都很流行喔。

寫

肉類與魚肉能讓人變得美麗與製造肌肉,所以每餐都該攝取

但是中島卻發現了與這個結論相反的事實。

是!我發現有些人會「狂吃甜點」,甜點也是碳水化合物對吧。

這也很矛盾耶。

但我覺得前提沒有錯……

的確。

這也可以透過演繹法解釋喲。
小前提
大吃大喝是為了紓解壓力
結論
一覺得煩躁就會想要大吃大喝
大前提
一覺得煩躁就會想要紓解壓力
換言之，平常都有吃肉、吃魚，
但一覺得煩躁就會暴飲暴食……？
我、我懂這個心情…！
兩邊都正確耶，
大前提的「煩躁」是重點。
沒錯，
人類本來就有很多面孔，有讓人切換面孔的前提喲。
大家有類似的經驗吧？

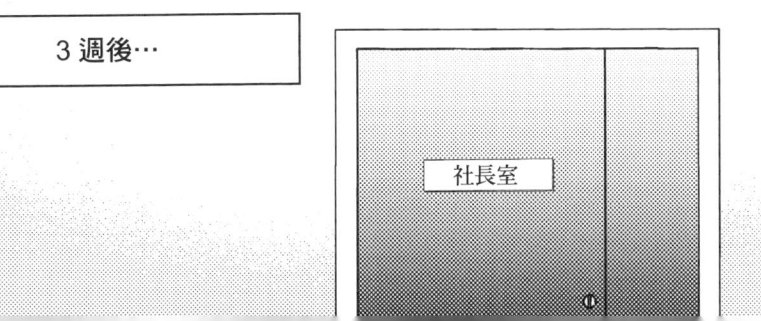

似乎有更多人「想要」獲得能夠暴飲暴食的方法耶。

聽好！中島你就根據這個假設開始寫商品企劃吧。

遵命！

3週後…

社長室

加了高蛋白的戚風蛋糕
鮮奶油增加300%的邪惡皇冠蛋糕
加了高蛋白的戚風蛋糕
鮮奶油增加300%的邪惡皇冠蛋糕
....
我……
反對這兩個提案。
咦？

東京皇冠是銷售皇冠蛋糕的公司。
新商品居然是改良現有的戚風蛋糕，
唉⋯
真不知道上一輩會說什麼⋯⋯
85% 的健身者都「支持」這個企劃耶。
唉
他們沒說會買吧！
⋯⋯⋯⋯
只是增加奶油的量，不會改變味道吧！給我提出更劃時代的商品！

再這樣下去，就免不了會被併購啊！
併、併購？
!?
啊！
嘰嘰
這企劃挺好的啊。
母親……啊不是，會長！
我贊成這個企劃喲，
不做怎麼會知道結果？

謝謝您的支持。

如果不挑戰，不提升企業價值……

這是為了接受布丁布丁的併購提案嗎？

當然是為了公司啊。

唉呀

只不過，很難立刻增量吧。

我完全不知道併購的事……！

你有看過我們的工廠嗎？

咦？

我、我有看過！

就算製造過程不斷自動化，但設備還是90年代的，不太可能透過人工增加鮮奶油喲。

有好好跟製造部長促膝長談嗎？

這麼一來，圓形蛋糕的生產線就會吃緊。

…………

怎麼會……

就這點來說……

添加高蛋白沒什麼問題，製造部長已經跟我報告過了。

………

沒想到會長居然會特地事先了解一切，真是感謝。
哎呀，這是在諷刺啊？
沉
默
……………
我了解了！
那先從戚風蛋糕開始吧！
這樣可以吧？
轉身
可—
可是……
！

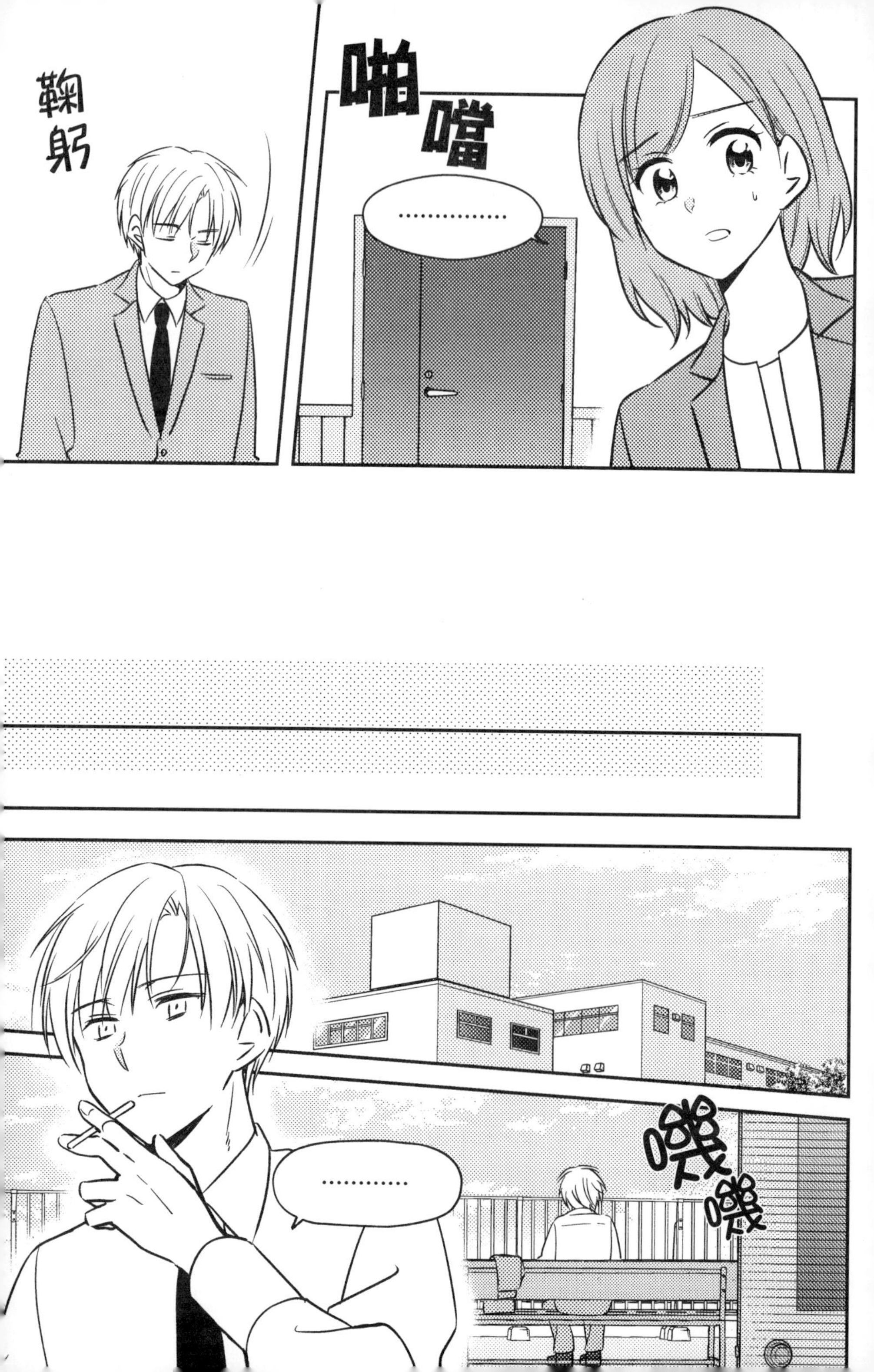
啪嚓
……………
鞠躬
…………
嘰嘰

啪嗒!!
哇！
這時候該說什麼才好啊……
妳來幹什麼？
那個，我想稍微休息一下……
中島你在抽菸啊？
是為了紓解壓力啦。
雖然不是暴飲暴食。
哈

不用同情我啦。
不
我沒有這個意思……
我想
辭去工作……
什麼！
BLENDED COFFEE
感覺好像沒什麼意義了……
絕對……沒這回事！
這次的新企劃絕對是拯救皇
冠的機會！一起加油吧……！

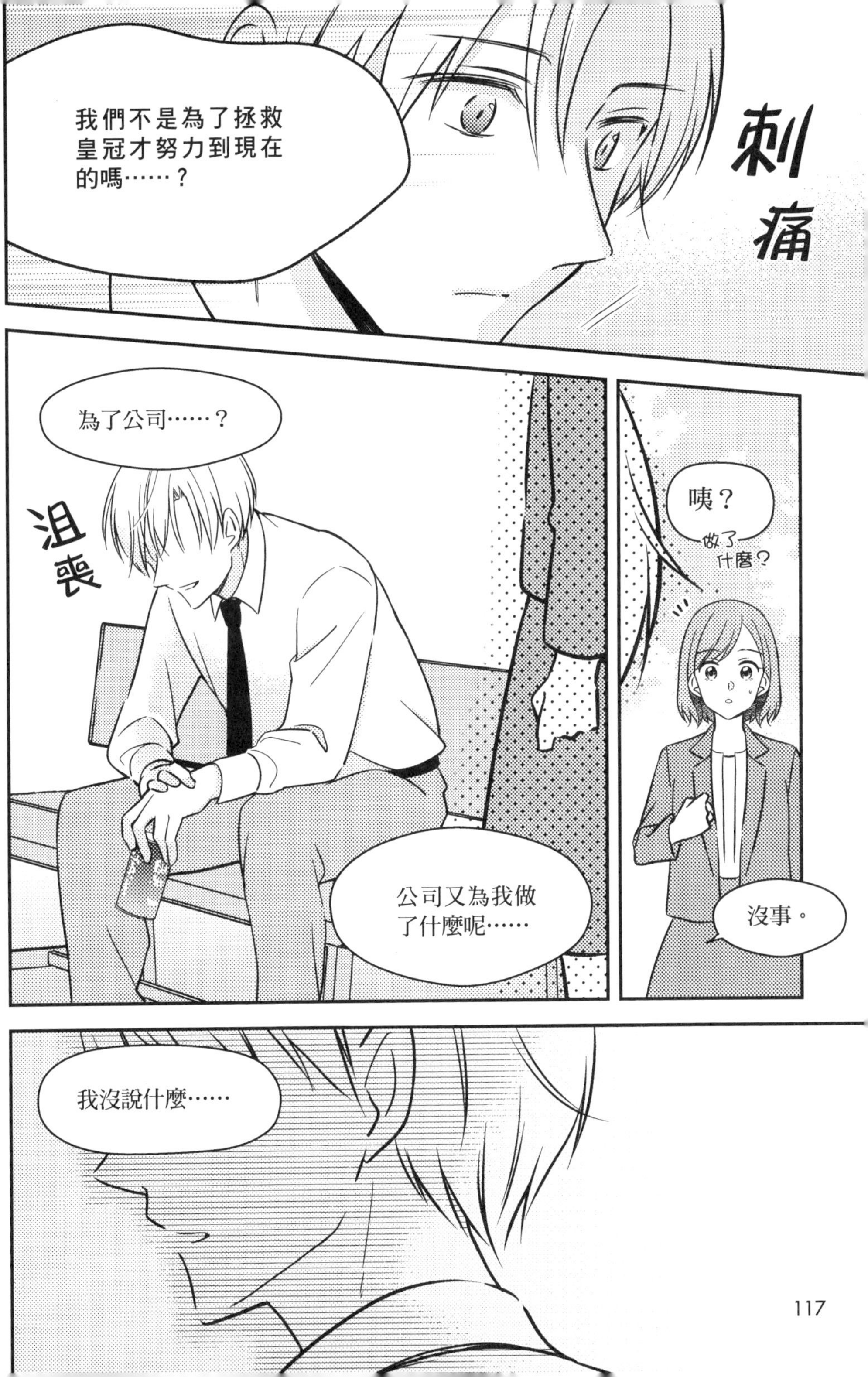
我們不是為了拯救皇冠才努力到現在的嗎……？
刺痛
為了公司……？
沮喪
公司又為我做了什麼呢……
咦？
做了什麼？
沒事。
我沒說什麼……

隔天

在那之後……中島就沒回來了……

早安。

喀嚓

嘶

中、
中島先生？
…蛤？
早啊。
嗯——
你在這裡幹什麼啊？
既然要做，我就在想不知道能不能添加更多蛋白質的量……
查著查著就不小心睡著了……
石田小姐！早安！
喀嚓

你……
這是怎麼回事！室內好悶啊！
快開窗通風！通風！
有好好洗澡嗎？
嘎啦
有!!
真是的，我們又不是黑心企業……
哦
石田小姐！
昨天中途離開辦公室，
真的非常抱歉！
低頭！
我們公司是核心時間制對吧？
石田小姐……
下午3點之後，想幾點回家都是個人的自由喔。

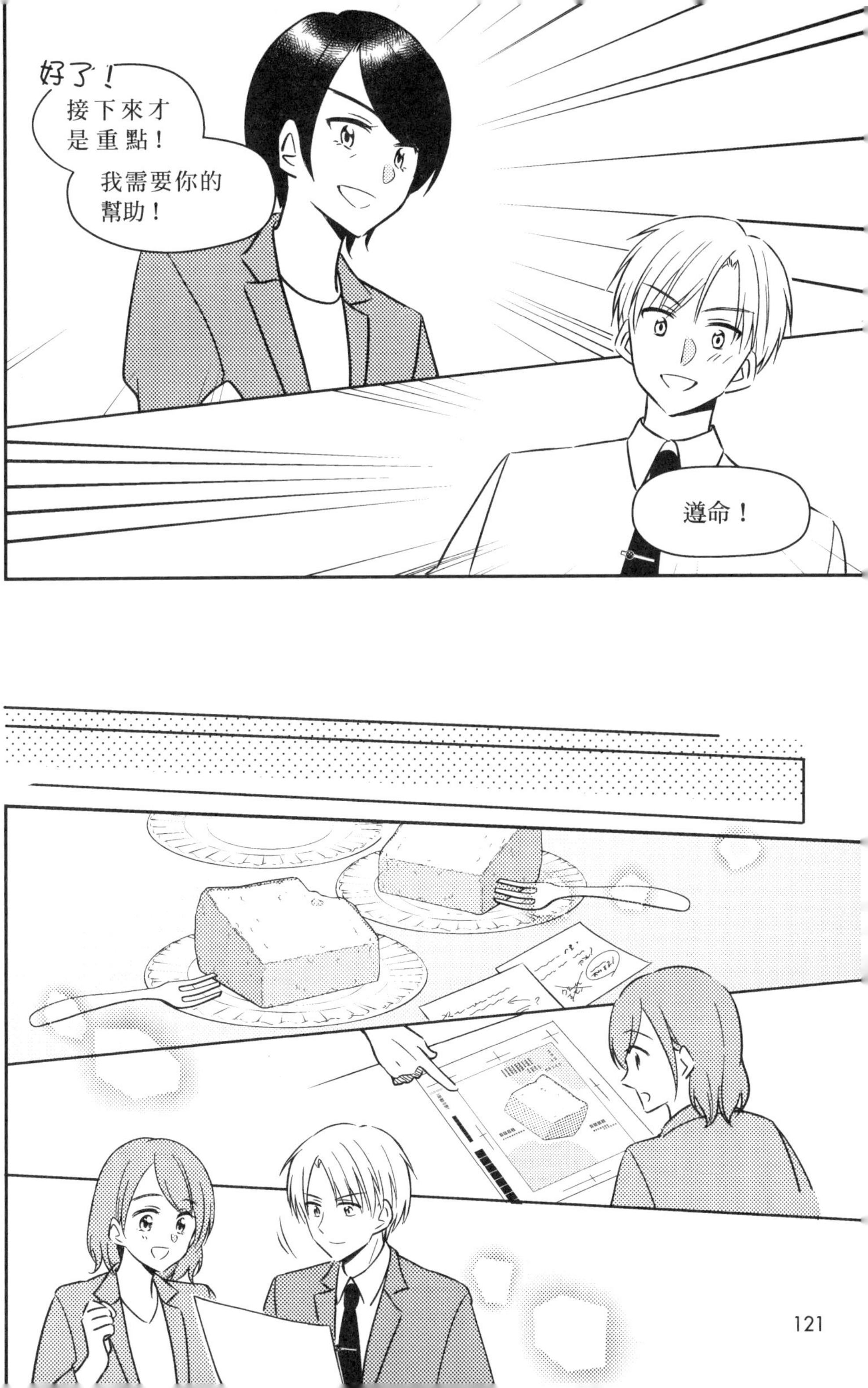
好了！
接下來才是重點！
我需要你的幫助！
遵命！

―― 3個月後

經營企劃室

總算只剩下兩天了呢。

這次會召開記者會，

工廠從3天前就開始生產，一切也很順利喲。

明天也會發新聞稿喲。

總算到這一天了！我們說不定真能拯救東京皇冠。

叭噠叭噠叭噠

打開！

喂！這是怎麼一回事！

怎麼了嗎……？

喘喘

快看AHEHA！布丁布丁公司在開記者會！

說新商品是加了高蛋白的戚風蛋糕！

騷動

什麼……？

總之快看！

接著由布丁布丁公司的董事長加藤先生發言——

好的。

這款戚風蛋糕只使用了蛋白，脂質含
量很低，所以吃起來毫無負擔！
PROTEIN
為什麼！
熱愛健身的大家請務必購買布丁布丁生產的戚風蛋糕！
目前可是只有本公司生產喲！
PROTEIN
要吃嗎？不吃嗎？
哇哈哈
怎麼會……
……………

▶ 提升解析度又如何？

在第 2 章的結尾，春川與中島在發現提問與假設之後，決定「一大早跟石田小姐報告！」

到了第 3 章之後，石田小姐認為「添加高蛋白的戚風蛋糕」與「鮮奶油增量 300% 的邪惡皇冠蛋糕」還不錯，也針對這兩種商品「有可能賣得不錯」的假設開始說明。

雖然中途遭到公司內部的人反對，只決定生產「添加了高蛋白的戚風蛋糕」，卻發生了競爭對手推出相同商品的事件……。這會是偶然嗎？還是公司內部機密外洩？故事即將進入後半段。

為了讓各位讀者身歷其境，體會在春川與中島身上發生的事件，請容我進一步說明每個經驗與知識。

第 3 章的主題是「解析度」以及「提問與假設」。前面提過，**本書的主旨是不使用公式，只透過漫畫學習資料分析的本質**，而「解析度」以及「提問與假設」則是重要的元素之一。

第 1 章與第 2 章提到，「解析度」不僅能提升提問的品質，還是看清事實不可或缺的因素。雖然一切純屬偶然與直覺，但春川與中島的確因為**提升了顧客的「解析度」，所以才找到「這麼做，商品說不定能賣得好」的假設**。

筆者一直認為，在「解析度」過低的情況下，事業將無法發展。讓我們把事業當成大富翁來看吧。解析度如果夠高，大富翁的骰子就會變成正 20 面體，讓人有機會前進 1 格到 20 格；反之，解析度如果太低，骰子就會變成正 4 面體，而且每一面都是 1 點。

如果能搭配「經驗」與「所見所聞」，就能準備很多顆正 20 面體的骰子。一口氣丟出 30 顆骰子，讓 30 個棋子一起動，前進格數最少的棋子就會被陸續淘汰，只有前進格數較多的棋子會留下來，最終就能用最短距離走到終點。

換言之，解析度太低，進展就會變慢；解析度夠高，進展就會變快，從採取行動到創造成果的速度就取決於解析度的高低。

　這個道理也能套用在資料分析上。資料分析會失敗，通常與問題太過困難無關，而是問題的解析度太低，所以要先徹底提升問題的解析度，找出正確的「提問」與「假設」。但不知道為什麼，許多人都小看了這個步驟，一頭跳進海量的數據中，然後開始透過程式操作數據。

　那麼，提升解析度之後又如何呢？第1章曾提過，解析度夠高的狀態就是「能從俯瞰的角度觀察整體，又能描繪現象的細節」「在了解全貌（宏觀）之後，也了解細節（微觀）」的狀態。換言之，當解析度夠高，就能掌握現象（具體）與相關的背景、共通之處（抽象）。

　筆者也曾將解析度夠高的狀態形容成「能看清楚、聽明白巨大的潮流或是屬於個人層級的熱潮」。

　比方說，從幾十年前開始，就有人會將啤酒冰在冷凍庫，享受零度以下的泌涼快感。這就是「個人層級的熱潮」。啤酒的溫度若是低於2度，風味就會變質，罐子本身也有可能會爆裂，所以很危險，但有些人卻很喜歡這種口感。因此啤酒製造商便開發了「零度以下也好喝的啤酒」，並成為了夏季的熱銷商品。

　每逢熱得快要中暑的夏天，許多人都希望利用冰泌入脾的飲料讓身體醒過來，這就是所謂的巨大潮流，至於想利用危險的冷凍啤酒讓身體醒過來，則屬於個人層級的熱潮。同時思考這兩種熱潮之後，就能找到「夏季最可能暢銷的啤酒是？」這個提問，以及「零度以下也好喝的啤酒會熱銷」這種假設，而這個提問與假設都是因為解析度夠高才能發現。

　由此可知，解析度夠高，就能一口氣找到接近正確解答的「提問」與「假設」。有時候之所以會有「我想到了！」「靈感來了！」「上天給了我啟示」這類感覺，其實都是因為解析度夠高所致。

▶ 解析度夠高又如何？

在第 2 章的時候，春川偶然有機會採訪了女高中生，這些女高中生告訴春川：「這是我媽很喜歡的甜點」「不知道」「感覺對健康不太好」，於是春川便覺得，皇冠蛋糕說不定不太受十幾歲的人歡迎。

此外，序章也稍微提過，瀏覽「水果點綴皇冠蛋糕的影片」底下的評論欄時也發現了「好懷念！」「以前很常吃」這種過去視而不見的留言。這意味著，現在的年輕人將皇冠蛋糕視為「以前的甜點」，也就是很「老派」的意思。

石田透過歸納法說明了春川的思考模式。由於歸納法是資料分析必需的思考術，所以在此進一步說明。

所謂的**歸納法就是觀察各種「現象」，從中找出共通之處，再得出結論的思考術**。說得簡單一點，就是「大家來找碴」這種從圖片之中**找出共通處的遊戲**，有時候這也被形容成「讓經驗標準化」或是「由下而上的思考方式」。

> 就是觀察各種現象，找出共通之處，再得出結論的思考模式喔。

石田提到，「在過去，放學回家的女高中生會在門市排隊，許多人也認為皇冠蛋糕是適合送給年輕人的伴手禮」，也從這兩個「共通之處」得出「受到十幾歲到三十幾歲的女性歡迎」這個結論。**這張圖的「結論」都有「簡單來說」「也就是說」這類「總結」的意思。**

順帶一提，石田畫的這張圖與第 1 章解說麥當勞與丸龜製麵共通之處的「具體與抽象」相同。石田指出，要提升解析度就要掌握「具體與抽象」，但這張圖標示的現象可替換成具體的部分，而結論則可替換成抽象的部分。

　　石田認為，歸納法的優點在於**「只要找出結論，就能在遇到不曾遇過的現象時，得出『這應該是與結論相同的現象』這種結論」**。意思是，能夠得到皇冠蛋糕受到「10 幾歲～ 30 幾歲的女性歡迎」的結論，其中也包含曾沒遇見過的 10 幾歲～ 30 幾歲的女性（過去、現在、未來所有 10 幾歲～ 30 幾歲的女性）。

　　若是在泡沫經濟時期去到門市採訪女大學生「妳們喜歡什麼蛋糕？」會得到「皇冠蛋糕」的回答，而且女性雜誌若是製作了甜點特輯，也一定會介紹皇冠蛋糕。觀察各種現象後，結論若依舊是「受到 10 幾歲～ 30 幾歲的女性歡迎」，那麼就能得出「不須要再進一步調查現象」的結論。**歸納法之所以會被形容成「標準化經驗的思考方法」「由下而上的思考方式」，就因為是從現象（經驗、現場）開始思考。**

　　若能以歸納法思考，就能壓縮調查成本。可以說「就算不另外調查，也已經對眼前的現象產生了共識」。

　　亦即，所謂的歸納法就是讓具體升華為抽象的思考方式，也是**讓局部知識擴張為整體的思考方式**。

▶ 歸納法的弱點

　　歸納法有下列兩個弱點。

　　第一點是我們不可能觀察所有的現象，所以「無法解釋例外」。比方說，不管有多少人說自己「看到了白色的天鵝」，得出了「天鵝都是白色」的結論，實際上卻也有著黑色的天鵝。

▌（圖）例外產生的矛盾

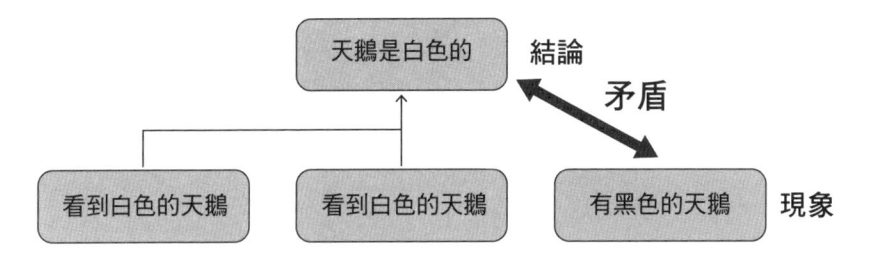

```
                    天鵝是白色的    結論
                          ↑           ↘
                          │            矛盾
                          │               ↘
   看到白色的天鵝   看到白色的天鵝   有黑色的天鵝   現象
```

　　觀測的現象越少，越容易發生這種情況。**如果只是透過邏輯得出「應該是這樣沒錯」的結論，就無法保證結論百分之百正確，比方說，「天鵝全部都是白色的」這種結論充其量只是抽象的概念而已。**

　　順帶一提，歸納法得出的結論十分抽象，並非實際的情況。「受到 10 幾歲～30 幾歲的女性歡迎」也不是整體的情況，只是個案而已，換言之，這只是將「未知的實際情況」說成是「已知的實際情況」而已。

　　第二個弱點是現象會隨著時代改變，一旦覺得「不須要再繼續觀察現象」，就無法掌握這些改變，換言之，其弱點就是「不適合用來分析變化」。東京皇冠正遇到了這種情況。筆者將這種情況形容成**「現象（具體）與結論（抽象）分裂」**。

　　比方說，在商業現場常會聽到「我們的客人很喜歡◎◎，所以千萬不要做□□唷」這種意見。又比方說，對數位科技沒輒，所以線上開會不流行。必須以笑容接待客人，所以就算感冒也不能戴口罩。在得出這類「結論」之前，當然已經發生了許多現象。

　　不過，在發生新冠疫情這種百年災難時，情況就會驟變。許多上班族都已經知道 Zoom 這套線上會議軟體的使用方法，而百貨公司這種重視笑容的地方，員工也一定要戴著口罩工作。

　　歸納法的**問題在於會讓我們忽略這種現象（具體）的變化，也會讓我們堅持原本的結論（抽象），抱著「我們的客人很喜歡◎◎，所**

以千萬不要做□□」這種成見不放。如果沒有人指出原本的結論「是錯的」，事情就不會有任何轉機。

┃（圖）新現象的矛盾

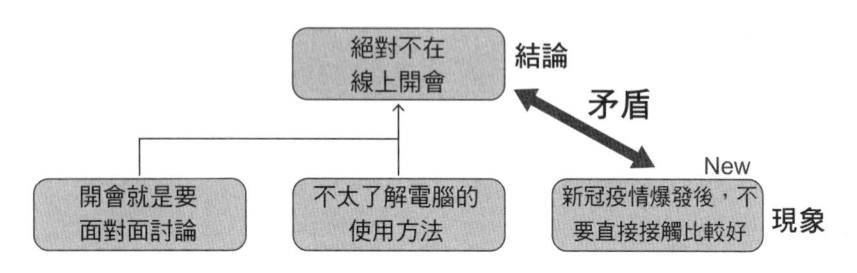

```
                    ┌─────────┐
                    │ 絕對不在 │ 結論
                    │ 線上開會 │
                    └─────────┘ ＼
                      ↑   ↑        ＼  矛盾
          ┌───────────┘   └──┐        ＼
          │                   │          ＼  New
    ┌──────────┐      ┌──────────┐    ┌──────────────┐
    │ 開會就是要│      │不太了解電腦│    │新冠疫情爆發後，不│ 現象
    │ 面對面討論│      │ 的使用方法 │    │要直接接觸比較好 │
    └──────────┘      └──────────┘    └──────────────┘
```

春川到了門市後，更了解了顧客，也遇到了一些與公司內部得出結論完全相反的現象，因此發現今時不同以往。

石田指出，「明明情況已經改變，卻還受限於過去的結論，這就是東京皇冠現在的狀況」。**其實有許多公司都有現象（具體）與結論（抽象）分裂的問題**對吧？筆者認為，只將結論當成口號，卻忽略不斷改變的現象（具體）不只是東京皇冠的問題，其他公司也有相同的情況。

▶ 使用歸納法的「提問與假設」

不過，不適合分析例外與新現象的歸納法還是能在資料分析派上用場，意思是，**反過來利用歸納法的弱點可以找出「提問」與建立「假設」**。

其實當春川將原本的結論改成「東京皇冠過時」這個結論不久，就看到渾身肌肉的男性走出門市，還發現對方買了戚風蛋糕。

| 結論 | 雖然不受 10 幾歲～30 幾歲的女性歡迎，但是受到從以前買到現在的 40 幾歲～60 幾歲的女性歡迎 |

| 現象 | 放學回家的女高中生根本不知道皇冠蛋糕 | 主婦或是奶奶會買 | 健身的人會買 |

石田將結論改寫成「雖然不受 10 幾歲～30 幾歲的女性歡迎，但是受到從以前買到現在的 40 幾歲～60 幾歲的女性歡迎」。可是春川遇到的是肌肉發達的男性。更進一步說，在第 2 章的開頭，春川與中島被店員趕出店外的時候，店裡就有一位渾身肌肉的男性，大家不妨翻回去確認一下。

就算很受女性歡迎，也不代表沒有男性會購買，而且遇到的男性都很精壯，這其中應該有些原因才對。

春川**將注意力放在現象與結論的「矛盾」，提出了「為什麼會這樣？」的提問**。

首先，找到「顧客買了什麼呢？是皇冠蛋糕嗎？」的提問與假設之後，春川直接向櫃台人員確認了答案，結果發現肌肉男買的是戚風蛋糕，也知道這類男性很常來買。

接著又找到「為什麼他們會買戚風蛋糕呢？是因為蛋糕的成分對身體很好嗎？」這種提問與假設，然後又向櫃台人員確認了理由。最終便得到戚風蛋糕很受健身界的人歡迎，櫃台人員也告訴春川一些網路的文章。

所以春川打了電話給犬井，說是要直接前往戚風蛋糕賣得最好的門市。

這是沒在漫畫畫出來的內幕。

許多人在分析資料時，都覺得找出「問題」與「提問」很困難，

筆者一開始也常找到無法建立假設或是無法解決問題的「提問」，因而陷入苦戰。就實務而言，都是不斷更新「提問」與「假設」，才能慢慢找到解決問題的提問與假設，但一開始該如何切入，的確很讓人很頭痛。

因此我注意到了**透過歸納法所找到的「矛盾」。在須要進行資料分析的第一線，通常都有「現象（具體）與結論（抽象）分裂」的問題，所以一般很難真的解決問題。**

所以筆者會像春川與中島那樣，直接前往第一線，研究各種數字，從中找出「矛盾」，因為矛盾中就藏有改寫結論（抽象）的線索。

發現與結論（抽象）相悖的現象（具體）之後，筆者一定會問「為什麼？」「怎麼會這樣？」然後進一步掌握現象的細節。這是因為**一旦發生矛盾，錯的一定是結論（抽象）。只要現象（具體）是不折不扣的事實，與現象分裂的結論（抽象）就一定有錯。**

要熟悉歸納法就得不斷練習，若能運用自如，資料分析就會瞬間變得很輕鬆。

▶ 何謂演繹法？

在第 2 章的時候，中島觀察了超商的顧客，發現「買飯糰的人不多」「攝取蛋白質的人比較多」這件事。這或許是受到從 2010 年代開始迅速普及的碳水化合物減重術的影響。其實筆者曾受到東京都都心的某間餐廳邀請，分析碳水化合物的業績長期下滑的原因。

不過，也不能就此斷言每個人都在戒碳水化合物。一如中島遇到「為了紓壓而想暴飲暴食的女性」，電視每天也都在播放甜點特輯的節目。中島發現這種違反常識的矛盾，也從中發現「消除壓力」是「想吃蛋糕的理由」。

石田透過演繹法說明了中島的思考模式。演繹法是資料分析不可或缺的思考模式，所以在此進一步說明。

演繹法就是**分析普遍且不變的「大前提」，推理出邏輯性的連結・關連，然後得出「結論」的思考方式**。說得簡單一點就是**「三段論法」**。有時也被稱為「解讀前提」。

> 演繹法是分析普遍且不變的大前提，再從這個前提導出結論的思考方式喔。

> 嗯嗯

> 就是若A等於B、B等於C，則A等於C的思考模式。

石田將「蛋白質能夠讓人變得美麗與製造肌肉，所以每餐都該攝取」設定為普遍且不變的大前提，然後再將「肉類與魚類富含蛋白質」這點設定為小前提（具體的事實），最後得出「肉類與魚肉能讓人變得美麗與製造肌肉，所以每餐都該攝取」的結論。**這張圖的「結論」與歸納法一樣，都有「簡單來說」「也就是說」等這類「總結」的意思。**

演繹法的優點在於能將相對抽象的前提套用在眼前的現象，再從中導出結論。比方說，三角形的面積可透過「底 × 高 ÷ 2」的公式求出。這個公式的定義是普遍且不變的「大前提」，之後不管底邊是 10 公分、高是 3 公分，還是底邊是 1 公分、高是 4 公分，都能正確求出三角形的面積。

此外，法律也是演繹法的思考模式。比方說，日本刑法 222 條提到，有意危及他人生命、身體、自由、名譽與財產且脅迫人者，將處以脅迫罪。在這個「大前提」之下可得出「在社群媒體威脅他人」屬於脅迫罪的結論。

除了數學、物理學之外,生物學、法律以及大部分的學問都是根據「大前提」進行研究,然後再建立新的「大前提」。**演繹法就是解讀這種具有普遍性的大前提(定律、規矩、規則、習慣),再將分析結果套用在現象的思考模式,所以也被稱為「解讀前提」。**

順帶一提,歸納與演繹法是「相反的關係」。**從具體導出抽象的是歸納法,從抽象導出具體的是演澤法。**

資料分析常須要處理具體與抽象的部分,所以這兩種思考模式都很重要,沒有孰輕孰重的問題。

▶ 演繹法的弱點是什麼?

演繹法有兩個弱點。

第一個是即使大前提有錯,還是能得到符合邏輯的結論。亦即,導出的結論即便就演繹法來說是正確的,用邏輯思考卻是錯誤的。

例如,假設有一對想要養兒育女的 A 太太與 B 先生,大前提是「女性負責帶孩子,男性負責在外工作賺錢」,此時會得到只有 A 太太負責帶小孩的結論。

▋（圖）大前提的矛盾

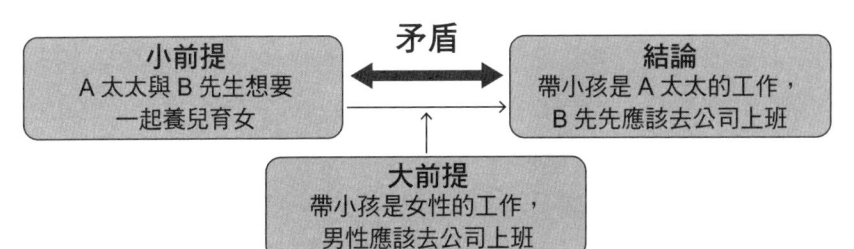

```
┌─────────────────┐    矛盾    ┌─────────────────────┐
│     小前提       │◄────────►│       結論          │
│ A 太太與 B 先生想要│           │ 帶小孩是 A 太太的工作，│
│    一起養兒育女   │           │ B 先先應該去公司上班 │
└─────────────────┘           └─────────────────────┘
                    ▲
                    │
           ┌─────────────────┐
           │     大前提       │
           │ 帶小孩是女性的工作，│
           │  男性應該去公司上班 │
           └─────────────────┘
```

　　雖然這是普遍的大前提，但實際情況卻各式各樣，從「任誰來觀察結論都不會改變的世界真理」程度到「是某個特定地區才有的在地規則」都有。就連「帶小孩是女性的工作，男性應該在公司上班」這個大前提也不一定正確，尤其在都會地區，或許許多人都會覺得：「都這個時代了，這種想法會不會太過時？」但或許在某個鄉下卻可能會認同「這是理所當然的」。

　　雖然演繹法沒有歸納法「不適合分析變化」的優點，**但就像是法律會隨著社會情勢以及輿論而改變，大前提也不一定會永遠不變**。大前提改變時，我們就必須對大前提提出質疑，但如果在此時想使用演繹法導出結論，很有可能會得到錯誤的結論。

　　剛剛雖然有提過，「抽象與實際情況無關」，但筆者認為，被「不存在」的事物耍得團團轉，而且還指責無法接受這個結論的人，實在非常可笑。

　　第二個弱點是，範圍愈是廣泛的大前提，愈有可能出現不符合大前提的「例外」。這與歸納法「不適合分析例外」的情況一樣，抽象度愈高，與現象（具體）的矛盾就愈多。

　　比方說，石田在聽完中島的體驗後，提到「一旦覺得煩躁就會想要化解壓力」，但實際上，有些人或許就算心情變煩躁，還是能巧妙面對壓力。

> 這也可以透過演繹法解釋喲

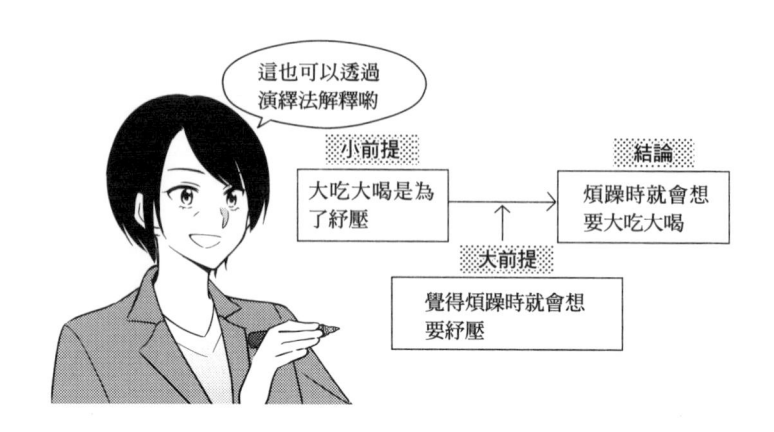

小前提：大吃大喝是為了紓壓
大前提：覺得煩躁時就會想要紓壓
結論：煩躁時就會想要大吃大喝

除此之外，假設 A 先生在喝醉之後，一定會吃點食物收尾，明明大前提是「喝醉後用來收尾的拉麵很美味」，但結論若是「A 先生在喝醉後，點了聖代作結尾」，同樣是有矛盾的。

▍（圖）例外的矛盾

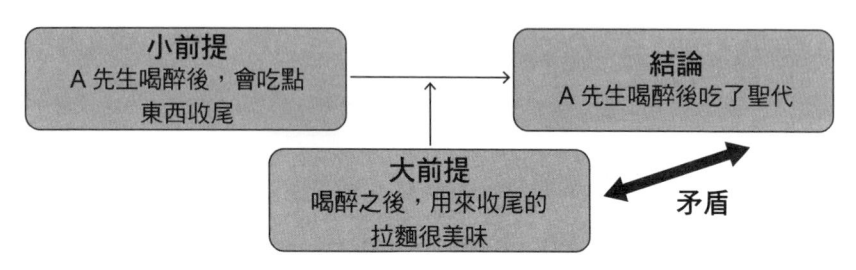

小前提：A 先生喝醉後，會吃點東西收尾
大前提：喝醉之後，用來收尾的拉麵很美味
結論：A 先生喝醉後吃了聖代
→ 矛盾

雖然要怎麼設定分析的範圍都可以，但是會被質疑「這樣範圍不會太大了嗎？」的大前提可說是不太適用於演繹法。

以下是題外話。犬井在看到演繹法之後大聲說出了：「哇啊啊～！是大道理啊～！」雖然石田也說：「前提都是很普遍的內容，所以通常會被當成是『正確』的」，但或許其實不過是「**在排除例外之後，大部分被『認為是正確的事情』**」。

136

筆者認為這世上大部分的抨擊都是在對照演繹法的大前提之後，才得出「這是錯誤的！」的結論，不過就如前面提及的兩個弱點，所謂的大前提本身就會不斷變化，有時候也是錯誤的。

老實說，**大部分「正確」的大前提通常只是利用歸納法從許多現象導出的結論**，就算大部分都被認為是「正確」的，也不一定就真的是正確的。

進行「資料分析」時也會出現相同的情況。在詢問第一線的人員，得到「不知道原因，但一直以來都是這樣」的回答時，就得先懷疑大前提。筆者將這種情況稱為**「大前提的失控」**。

這看起來有點像是偵探連續劇，但筆者一直以來都認為，資料分析的工作就像是推理小說的偵探在解「謎」一樣，找出「答案」的方法除了統計學與機器學習，還包含這種邏輯思考。

▶ 利用演繹法找到的「提問與假設」

雖然演繹法不適合在大前提本身是錯的時候使用，也不太適合在有例外的時候使用，卻還是能用來分析資料，**只要與歸納法一樣，反過來利用弱點，就能找到「提問」與建立假設**。

實際上，中島的結論明明是「肉類與魚肉能讓人變得美麗與製造肌肉，所以每餐都該攝取」，但卻遇見了想要大吃甜點的女孩子。

> 但是中島卻發現了與這個結論相反的事實。

> 是的，我發現有些人會狂吃甜點，甜點也是碳水化合物對吧。

　　與歸納法相同的是，在遇到無法以演繹法解釋的現象時，能根據矛盾建立假設。跟春川說「感覺對健康不太好」的女高中生也有可能曾在甜食吃到飽的餐廳吃到沒辦法再吃的程度，這當然也是「對健康不太好」的行為。

　　因此石田將「一覺得煩躁就會為了紓壓而大吃大喝」設定為「大前提」。人類本來就有不同的面孔，而且會在某個瞬間切換。一如犬井發現「大前提的煩躁是重點」，就算是平常很節制的人，一旦煩躁，就有可能為了紓壓，而切換成暴飲暴食的模式。

　　每個人或多或少都帶著些矛盾而活，而中島就根據這種矛盾建立了「鮮奶油增加300%的邪惡皇冠蛋糕」這個假設。

　　不管是歸納法還是演繹法，其特點都是，若在對照現象（具體）之後找到矛盾，就可以從中找出「提問」。**在資料分析的世界裡，可以說「找到矛盾」就像是找到寶藏的魔法詞彙一樣。**

　　順帶一提，能夠找到矛盾是因為解析度夠高。前面將解析度夠高

的狀態形容成「能從俯瞰的角度觀察整體,又能描繪現象的細節」「在了解全貌(宏觀)之後,也了解細節(微觀)」的狀態,但**整體或是全貌(宏觀)是「沒有矛盾的具體現象與抽象結論」,細節與微觀是「一個與抽象矛盾的具體現象」**。

換言之,一旦解析度夠高,就會開始覺得某個地方不太對勁或是矛盾,就像是在玩「大家來找碴」這種比較兩張圖差異之處的遊戲。一旦找到矛盾,就會開始問「為什麼」,然後找到「因為是～」這種假設的答案。

在第1章的時候,說明了會依次找到「問題」「提問」與「假設」,但**其實在商業現場,使用著歸納法與演繹法來解決問題的時候,幾乎是同時找到「提問」與「假設」**。不如說,若是要驗證「假設」,就要再度回到「問題」,思考真正的問題到底是什麼。

一旦像這樣不斷地進三步、退兩步,最終就能察覺到直擊核心的「問題」。

┃(圖)重覆找出「問題」「提問」與「假設」

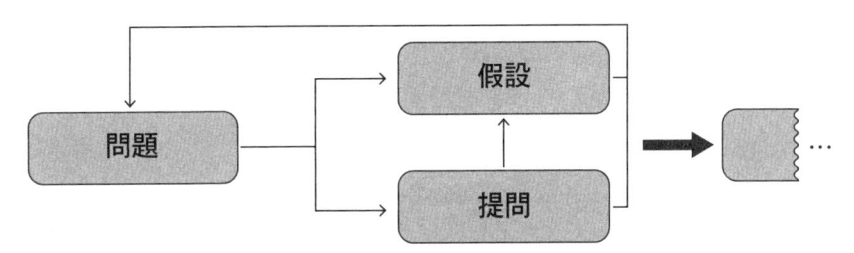

```
                ┌──→ 假設 ┐
                │         │
  問題 ──┼─────┤         ├──→  …
         ↑      │         │
         │      └──→ 提問 ┘
         │            ↑
         └────────────┘
```

筆者認為資料分析最需要時間的部分就是重覆「找出問題」「提問」與「假設」的作業,尤其在面對不太熟悉的業界或是過度專業而不太了解的領域,都要盡可能快速重覆這個步驟以提升解析度。

▶ 資料分析也要捷思

我向大企業員工說明「重覆步驟」時，對方多會極力主張:「之所以會分成那麼多個步驟，是因為要在每個步驟做完該做的事」，**非常排斥回到前一個步驟**，似乎會覺得回到前一個步驟簡直就是工作效率很差。

但這完全是誤解。**筆者認為分析資料時，在固定的步驟之間來來去去，最後得到結論的「捷思」是最理想的模式。**

「捷思」這個詞彙已漸漸為眾人所熟知，出現在商業書籍中的機會也增加了。這個詞有時候會被解釋為敏捷、機敏，有時候則被介紹為創投的代名詞。雖然每個人都有自己的定義，但筆者認為捷思是「某種工作方式的流派」。

筆者最喜歡的是捷思中的「Scrum」這個概念。「Scrum」於1886年首次出現在《哈佛商業評論》(*Harvard business review*)中發表的論文〈新新產品開發遊戲〉(*The New New Product Development Game*)。這篇論文以富士全錄、本田汽車、佳能這些製造業的事例為基礎，提出了推動新產品開發專案的新方針。

在此為大家稍微說明這篇論文。

這篇論文的開頭主張了開發新產品的準則除了①高品質、②低成本、③差異化之外，還須要具備④速度與⑤靈活度，也提到**「傳統的接力賽跑式開發方式，有可能與速度、靈活度這兩個目標背道而馳」「效法整個團隊一起接球以同時縮短距離的橄欖球隊式的開發方式，較能因應今時今日的競爭」**。

所謂接力賽跑式開發方式是指行銷人員在調查顧客的需求之後，開發產品概念，再由研發工程師設計，最後由生產工程師讓概念與設計具體成形。這種開發過程就像是一個團隊將棒子交接給另一個團隊一樣。

至於橄欖球隊式的開發式則是在調查結果全部出爐之前，就先根

據部分的結果著手設計產品,並且在過程中,根據顧客的回饋修正產品的設計。這就像是讓各部門的菁英組成隊不斷接發球的開發方式。

這篇論文還透過下列這張圖說明了接力賽跑與橄欖球的差異。

▌(圖)循序(A)與重疊(B與C)的開發情況

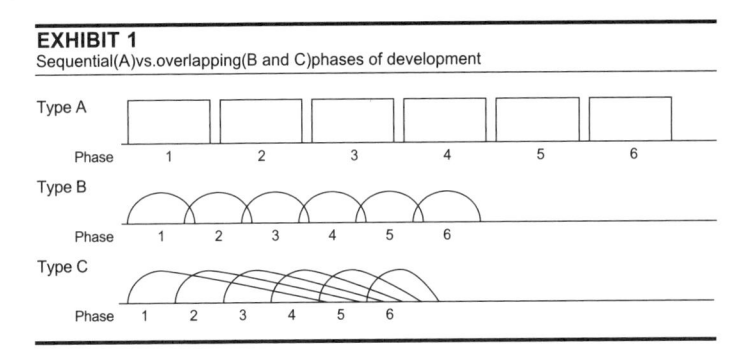

EXHIBIT 1
Sequential(A)vs.overlapping(B and C)phases of development

```
Type A    [ 1 ][ 2 ][ 3 ][ 4 ][ 5 ][ 6 ]
Phase      1   2   3   4   5   6

Type B     ⌒⌒⌒⌒⌒
Phase    1 2 3 4 5 6

Type C     ⌒⌒⌒⌒
Phase    1 2 3 4 5 6
```

接力賽跑式開發方式為 A 的部分,橄欖球隊式的開發方式屬於 B 與 C 的部分,主要是分成只在不同階段的鄰接處發生重覆步驟的 B,以及重覆步驟在多個階段出現的 C。

接力賽跑式開發方式就是「由不同部門負責不同步驟」的開發方式,許多公司也都採用這種方式。這種方式無法回到前一個步驟修正內容,也無法看到前一個步驟的內容,所以又被稱為「瀑布式」。

有些職場在進行資料分析時,也會以相當嚴謹的分工合作方式進行,比方說「負責收集資料的工程師」「負責分析的資料科學家」「負責報告結果的業務員」,而且這些職位的人彷彿簽署了互不侵犯條約,井水不犯河水。筆者也見識過很多次這種職場。強烈拒絕回到上個步驟的人也像這樣只負責自己該負責的步驟。

這篇論文也指出,為了要將完美的成果交給下個步驟的人,就得檢查許多細節。雖然這麼做可以控制風險,但只要中間卡關,就沒辦法進入下個步驟,也無法提升開發的速度。

141

至於橄欖球隊式的開發方式則是「讓整個團隊一邊接發橄欖球，一邊前進」的方式，也就是不以部門切割步驟，**改以交叉功能工作小組彼此合作，一口氣開發出能提供給顧客的產品（速度），並且不斷邊進行摸索邊修正的開發流程（靈活度）。**

這意思是，組成一人分飾三角或兩人分飾三角來運作的團隊以收集資料、分析資料與報告結果。

接力賽跑式與橄欖球隊式的最大差異就**在追求速度與靈活度「總之先開發出產品再說」這點上**。接力賽跑式是從頭貫徹到尾的開發方式，但是橄欖球隊式卻是先行動並一邊反覆試驗一邊慢慢成長。若是畫成圖，大概會像下面這樣。

▎（圖）接力賽跑式與橄欖球隊式的差異

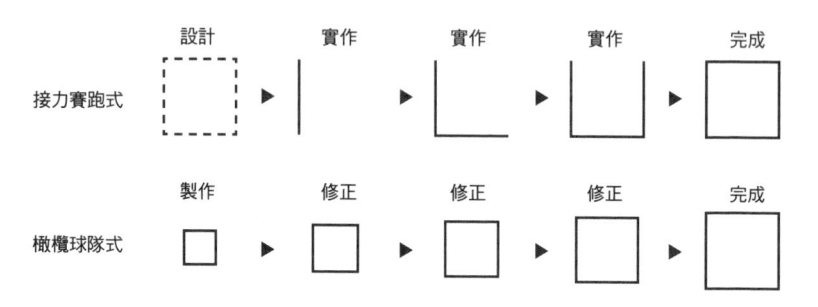

	設計		實作		實作		實作		完成
接力賽跑式	☐	▶	□	▶	□	▶	□	▶	□

	製作		修正		修正		修正		完成
橄欖球隊式	□	▶	□	▶	□	▶	□	▶	□

所謂「總之先做」，指的是在還沒找到最佳的「問題」「提問」與「假設」之前，一邊提升解析度，一邊找出「提問」與「假設」以提升「問題」精確度的行為。如圖所示，在一點一滴放大四邊形時，一步步趨近本質。

順帶一提，以接力賽跑式訂立的計畫不太可能一如預期進行，因為第一線總是會發生意料之外的事，而且實作的時間越長，顧客越有可能變心，覺得「已經不需要這個產品了」。

換言之，接力賽跑式有設計完成後，無法在實作過程中（只要沒

有突然修正設計）應因任何變化的問題，因此「先做再說」不僅兼顧了速度，還能面對變化（具有靈活度）。

是否有不須要在意速度與靈活度的資料分析呢？「明天給我一個大概的結果就好」「讓我知道該往右還是往左就好」如果被如此要求，卻回答「資料分析必須講究嚴謹，所以需要一個星期的時間」，恐怕會瞬間失去企業主的信賴。

一開始不要追求完美，也不要追求最短距離。資料分析以捷思法的方式進行是最為理想的。

▶「假設」多多益善

最後有一個無論如何都想解說給大家知道的重點。那是我常在第一線會聽到的誤解。

分析資料時，一旦通過「發現問題與提問」的階段，就要建立越多假設越好。所謂的「假設」就是「臨時的答案」，所以在完成後續的「證明」階段之前，通常會想找到讓人大喊「就是這個！」的假設，而且多會希望假設只剩對的一個。

不過，假設是須要證明成不成立的，若是只有一個假設，一旦這個假設是錯的，就得從頭來過，回到「問題」的階段重來一次。雖說這也是無可奈何的事，但還是很耗費心力。

我們當然不能建立無窮盡的「假設」，但是一般來說，要準備3～4個有60%機率可以說是「說中了」的「假設」。

其實石田帶著一切準備就緒的春川與中島去找若山社長提案時，也是被若山社長一口拒絕。儘管若山社長的母親若山會長及時出現，「鮮奶油增加300%的邪惡皇冠蛋糕」還是因為會壓迫到製造工程而被駁回。如果沒有若山會長的幫助，恐怕得重新建立假設。

筆者在剛開始從事資料分析的時候，只要最終只剩下一個假設，就很有可能會在證明的階段發現這個假設是「錯誤的」，然後又得從

頭來過，當時真的是不斷重複著從頭來過的苦行。

▍（圖）筆者心目中的「資料分析流程」

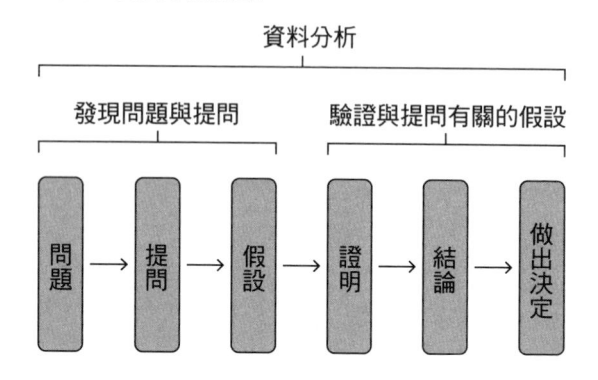

```
                        資料分析
        ┌─────────────────────────────────────┐
        發現問題與提問          驗證與提問有關的假設
        ┌──────────────┐      ┌──────────────────┐
        │問題│→│提問│→│假設│→│證明│→│結論│→│做出決定│
```

　　資料分析的步驟之所以會分成「發現問題與提問」與「驗證與提問有關的假設」這兩個階段，若以RPG這類遊戲解釋，大概就是這兩個階段之間的部分是存檔點，或是稍做喘息，再繼續出發的部分。換言之，就算後面的步驟發生了什麼事情，都能隨時再回到這裡，不須要再回到更前面的步驟。就算捷思法再怎麼好用，還是要費點心力或需要點訣竅來避免一直重覆做相同的事情。

> **故事將進入第 4 章**
>
> 　　本章說明了找到「提問」與「假設」的矛盾，以及找到這個矛盾的解析度。具體來說，介紹了歸納法與演繹法，也說明了這兩種方式的優缺點。
> 　　春川與中島雖然找到兩個「這樣商品有可能會暢銷」的假設，但其中一個被駁回，另一個則發生了被競爭企業抄襲的異常事態。故事將在第4章繼續下去。

第4章

證明「假設」

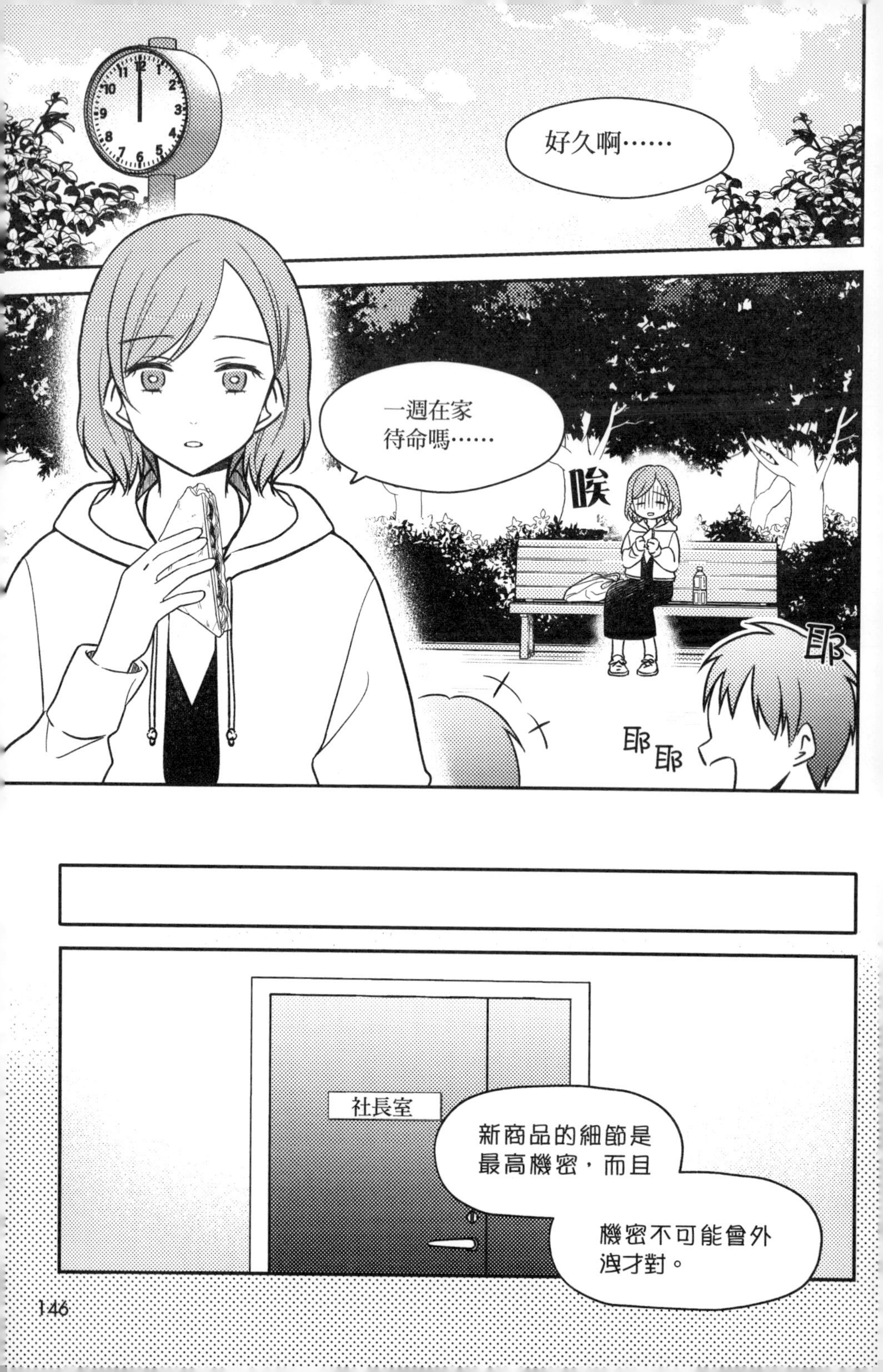

好久啊……
一週在家
待命嗎……
唉
耶
耶耶
社長室
新商品的細節是
最高機密，而且
機密不可能會外
洩才對。

那為什麼兩邊的商品會如此相似？

而且對方似乎算準了開始銷售的時間……

就算晚一步發表，還是該讓商品上市。對方不是囂張地說，

這次的事件很有可能是機密外洩，

這次的商品只有他們公司推出嗎？

應該立刻報警。

妳是在懷疑員工嗎？

要是這麼做了，東京皇冠豈不成了跟風的小丑嗎！

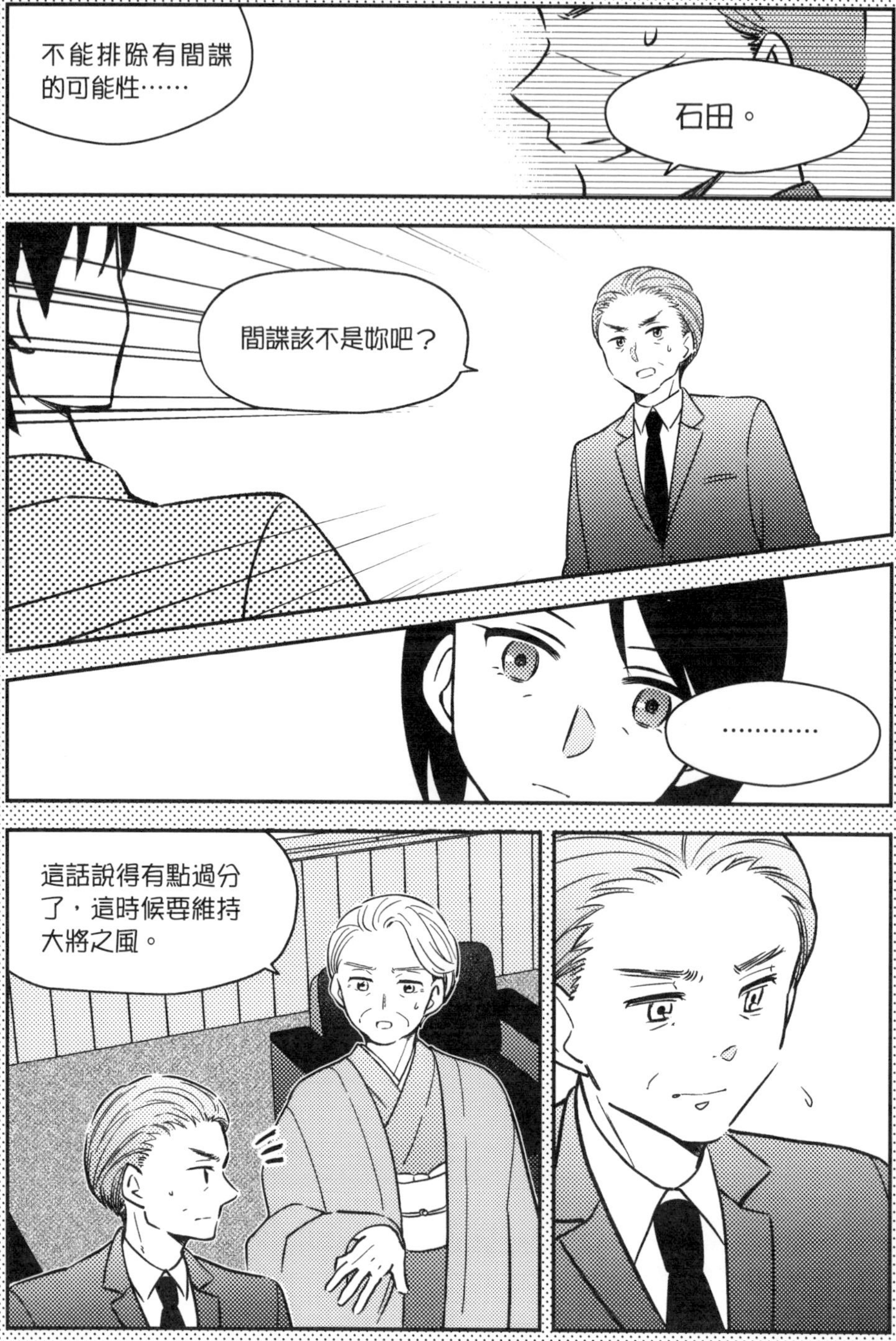
不能排除有間諜的可能性……
石田。
間諜該不是妳吧？
…………
這話說得有點過分了，這時候要維持大將之風。

在報警之前，先請我們公司的內部監查室調查吧。
產線先停下來，已經生產的部分就報廢。
這次的損失有可能會破億啊……
這是為了保護品牌與員工所做的選擇。
可是……！
當然，經營
企劃室全員也要在監查結束之前在家待命。
筆記型電腦也要先上繳。
…………
唉……

沮喪

那時候……中島與志賀也面無血色啊……

接下來到底會怎麼樣呢？

啪

嗒

必須要辭職嗎……？

無力

「因為小華很喜歡皇冠蛋糕啊。」

「謝謝奶奶，我最愛奶奶了！」

…………

咦？

搖頭 搖頭

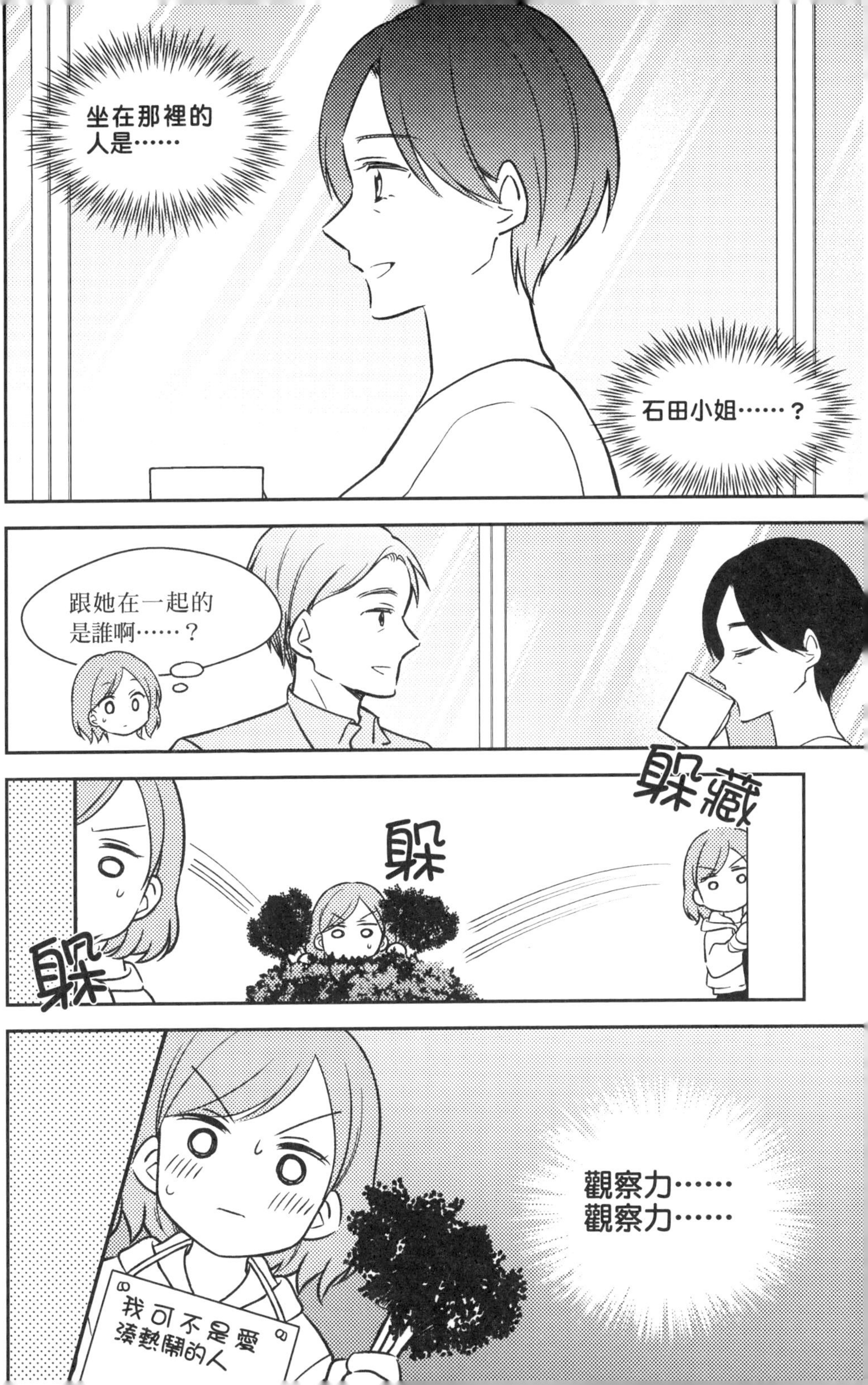
坐在那裡的人是……
石田小姐……？
跟她在一起的是誰啊……？
躲藏
躲
躲
觀察力……
觀察力……
我可不是愛湊熱鬧的人

太陽製菓
聽不見他們在聊什麼……
太陽製菓
那個標誌，是太陽製菓吧……？
啊！
太陽製菓
=
布丁布丁的母公司
布丁布丁母公司的人
石田小姐
咦……？
什～～～麼……？？？
一週後
監查的結果是……

確定沒有因為病毒而機密外洩，
也沒有在電腦上發現與布丁布丁接觸的數位足跡。
機密很有可能是直接透過人外洩的。
怎麼會……！
………
接下來才是重點喲！目前已經知道，
布丁布丁的食譜與我們摸索許久食譜中
的第 5 號試作品很接近。
工場製造的是第 9 號……
沒錯。
或是有人入侵經營企劃室，
或是極少數的相關人士洩露了機密，這樣想是比較妥當的。

意思是說我們其中的某個人是犯人嗎！

砰！

經營高層的確是這麼想的。

令人遺憾的是……

該不會是……

可惡！

經營企業室決定解散，辦公室也要撤掉。

…！

至今為止,
多謝大家照顧了。

牛丼店

超特大碗!!

大吃特吃

話說回來,還真是能吃耶……

吃了第二碗大碗的…

………

關上 超特大

筆記筆記

咦?啊!石、石、石、石、石田小姐?

哇啊啊啊啊

唉……妳要躲也躲好一點啊。

!?

妳到底偷偷摸摸在打探什麼啊？
妳發現了嗎？
很早之前就發現了……
妳以為我沒有發現嗎？
……………
那個……
洩露機密的犯人…
該不會是石田小姐吧……？
蛤？
因為我都看見了！
絮絮叨叨諸如此類

啊哈哈哈哈哈
沒想到會被妳看到那個場面啊。
？？？
咦……？
那個人是我的前夫啦。
前夫
什麼～～！？
布丁布丁的母公司是太陽製菓對吧？我心想前夫在那邊工作，所以問了他一些事情。
什麼啊～～～
原來是這麼一回事啊……
對不起！對不起!!
話說……
差不多該出發了喔！
去哪裡……？

去抓洩露機密的犯人啊。
慢步走
慢步走
為什麼中島也在這裡？
我才想問妳咧。
我不想回家，留在這裡抽菸的時候……
你們兩個很吵耶！

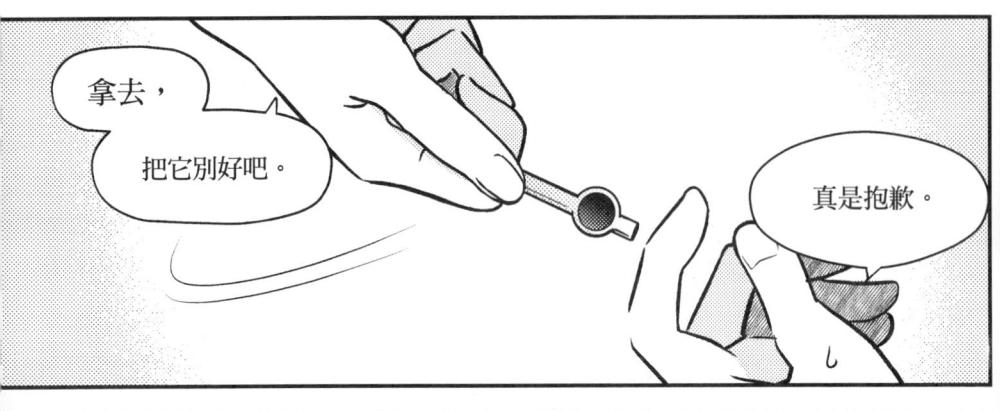

掉

落

!

真是的,到底在幹嘛啊?

拿去,

把它別好吧。

真是抱歉。

這次要證明問題喲,

我建立了誰可能是犯人的假設。

因為很貴啊……

你在幹嘛啦

妳吵死了

證明假設的方法有兩種。

透過邏輯導出只有這個人會是犯人的結論，這是推理小說很常用的一招。

再來，

另一種方法是……

推

開！

直接在現場逮住犯人！

志賀先生？

還有……

布丁布丁的黑澤副社長？

他們兩個是大學同學喲。

怎、怎、怎、怎麼回事！突然就……！

既然被發現，那就沒辦法了。

我們正在找能把加藤社長趕走的證據。

所以你們兩個就聯手，洩露第5號試作品的食譜？
絕對沒有！
我聽說他提出經營合理化的成績，就任了太陽製菓的董事對吧？
哈
經營合理化？就只是裁員而已。
我們認為加藤社長直接偷走了點子與食譜。
我怎麼可能……做那種事！
我可是一心想要守護東京皇冠啊！
所以只是在找相關的證據而已。
!?
叮咚
震動震動
震動震動

【號外】大型西式甜點公司布丁布丁宣布併吞東京皇冠

202x/xx/xx xx:xx

什麼！

加藤……太可惡了！

終於還是被媒體知道這個消息了……

…………

▶跳入海量的資料中吧！

經營企劃室全體因為陷入將機密外洩給布丁布丁公司的疑雲，而被禁止到公司上班。經過內部調查之後發現，電腦沒有被植入病毒的跡象，而且只有公司內部少數人才知道的第 5 號試作品食譜（為了方便入口而不斷改良的第五版食譜）外洩，所以經營團隊認為「經營企劃室的某個人是犯人」。

石田提到「我建立了誰可能是犯人的假設」，也趁著深夜偷偷來到辦公室。沒想到待在經營企業室的居然是志賀與布丁布丁公司的黑澤副社長。他們是犯人嗎？沒想到就在這時候，還不能公開的併購案居然登上了媒體版面。

到底誰是洩露機密的犯人？他的動機是什麼？故事將持續進行到最後一章。

為了讓各位讀者宛如身歷其境般體會在春川與中島身上發生的事件，請容我進一步說明每個經驗與知識。

第 4 章的主題是「證明假設」。總算出現「比較像是資料分析」的主題了。從第 1 章到第 3 章都不太像「資料分析」的內容，所以有些讀者可能會有些困惑，而且也真的一個公式都沒出現過。有些人應該也會覺得，本書的內容不是資料分析，而是邏輯思考吧。

不過，**我應該已經充分說明了必要性與重要性才對**。

要是在沒有任何準備的狀況下就跳進海量的資料中，就算被問到「你有什麼不了解的地方嗎？」恐怕也只能回答「什麼都不知道」。**一如要跳進大海前須要熱身，要跳進海量的資料前當然也要做好事前準備。**

換個說法就是，若統整了「問題」「提問」與「假設」，並跳進海量的資料中後，結局在這個階段大致上就已經底定了。雖然還是有可能發生收集不到必需的資料，或是程式邏輯出現問題的情況，但基本上只剩下透過各種方式（例如利用大數據進行統計分析，利用 Python

寫的程式）確定假設的正確性。

第1章也稍微提過，許多人以為資料分析是「大數據、資料科學與程式設計結合而成的鍊金術，是發現隱藏金脈的合法魔法」，但**其實資料分析是一連串的「步驟」，大數據、資料科學與程式設計不過是這個「步驟」的一部分而已**。容我再次列出資料分析流程圖。

▍（圖）筆者心目中的「資料分析流程」

資料分析

發現問題與提問　　　驗證與提問有關的假設

問題 → 提問 → 假設 → 證明 → 結論 → 做出決定

▶ 兩種驗證方式

在「發現問題與提問」階段建立假設後，接著就是在「驗證與提問有關的假設」階段驗證假設。

驗證假設的方法有兩種，一種是在「假設」的事件尚未實際發生的時候提出「暫時性答案」，也就是**「不先做做看，不知道假設是否成立」**的情況，這稱為「假設的驗證」。經營團隊或是經營企劃部門這類不確定性元素較多的領域在進行資料分析時，通常會以這種方式驗證假設。

比方說，春川提出的「戚風蛋糕應該會受到全國健身界人士的歡迎」這個假設，以及中島提出的「就算被要求減醣，為了消除壓力，

能夠讓人大吃特吃的增量產品應該還是會熱賣」的假設,都因為沒有實際的證據與資料,所以也無從驗證。哪怕各種資料都指出「應該是這樣沒錯」,也不代表這兩個假設就成立。

至少得先做出商品,然後實際銷售看看,再根據銷售結果判斷假設「是否正確」。

另一種方法則是在「假設」的事件已經發生時提出「暫時性答案」,這也是**「只要有資料就能立刻確認假設是否正確」**的例子,而這也稱為「驗證結果」。總的來說,執行部門(業務、行銷)所進行的資料分析,通常多為這種驗證方式。

不過,要驗證與證明歷史事件或是未知的科學,都屬於驗證「已經發生的現象」,所以難度很有可能因為資料不夠齊全而大幅增加。總之,**「可驗證的資料是否齊全」**是關鍵。

比方說,「這次的全國業績目標能夠達成,都是因為促銷活動成功」的假設,或是「商品 A 之所以熱賣,全拜網紅與電視廣告所賜」的假設,只要資料齊全就不難證明。

▍(圖)2 種「驗證」方式

驗證假說	假設 > 執行 > 結果 > 證明
驗證結果	執行 > 結果 > 假設 > 證明

難度較高的是因為還沒執行,沒有任何資料的情況。第一步得從收集資料開始。若要實施策略,收集資料,並證明資料,視內容情況,**有時資料分析可能得耗費半年至一年左右的時間。**

▶ 兩種證明的方法

石田提到「證明的方式有兩種」，一種是「透過邏輯導出只有這個人會是犯人的結論」，另一種則是「直接在現場逮住犯人」。

石田的發言有點推理小說的口吻，正確來說，應該是**「透過邏輯確認某個事件為真的論證方式」**以及**「透過實驗提出確證與事實的實證方式」**。所謂的論證方式是指經過多次計算，再透過邏輯推論的方式，而實證方式則是實際做做看的方式。

比方說，讓我們想像以時速 40 公里的速度移動到 10 公里遠的 A 地點這種情況。就計算而言，要花 15 分鐘才會抵達。這個過程就稱為「論證」。實際以時速 40 公里的速度朝向 10 公里遠的 A 地點出發，結果真的耗費了 15 分鐘，這個過程就稱為「實證」。

這兩種方法沒有孰優孰劣的問題，大家只須要知道用來證明假設的方法有這兩種即可。

若是與剛剛的**「兩種驗證方式」**對照，針對還沒執行的假設進行驗證（假設的驗證），**「實證方式」**比較適合；**是針對已經知道執行結果的假設進行驗證，則以「論證方式」**比較適合。

比方說，「我覺得 A 是犯人，為了要證明這點，我要在 A 殺下一個人的時候證明（實證）」這種推理小說的既視感不是很好的方式。雖然偶爾會看到這種模式，但光是這樣無法證明所有事件，最終還是須要透過論證的方式進一步證明論點。

▶ 論證的難處

「商品 A 在全國賣出幾個？」「商品 B 在社群媒體得到多少人青睞？」如果是這種單純計算個數的驗證，只要直接進行分析就好。但是「這個月的全國業績目標之所以能夠達成，都是因為促銷活動成功」「商品 A 之所以熱賣，全拜網紅與電視廣告所賜」的這類結果就

很難進行分析,此時就須要稍微讓腦筋轉個彎。

簡單來說,就是「**要證明 X 與 Y 不同(差異),可反過來否定兩者沒有差異,就能證明兩者不同**」的思考邏輯。在數學的世界裡,這種方式稱為「反證法」。

請大家試著回想一下第 3 章介紹的歸納法。當時提到,歸納法的弱點在於明明只看到幾隻白色的天鵝,沒看到所有的天鵝,卻會莫名得出「天鵝都是白色的」這種「**所有天鵝都一樣**」的結論。

如果想證明「天鵝也有黑色的」,可以試著「**否定所有天鵝都一樣**」,也就是「**實際找到黑色天鵝**」來證明也有黑色天鵝的論點。

或許大家會覺得這樣有點迂迴,但只要這麼做,就能順利證明很難證明的現象。

如果要證明「這個月的全國業績目標之所以能夠達成,都是因為促銷活動成功」只須要統計舉辦活動的月分與未舉辦活動的月分,並建立「兩者沒有差距」的假設。若發現了「兩者不一樣」的矛盾,就能證明促銷活動的確有助於提升業績。

|(圖)利用「反證法」證明

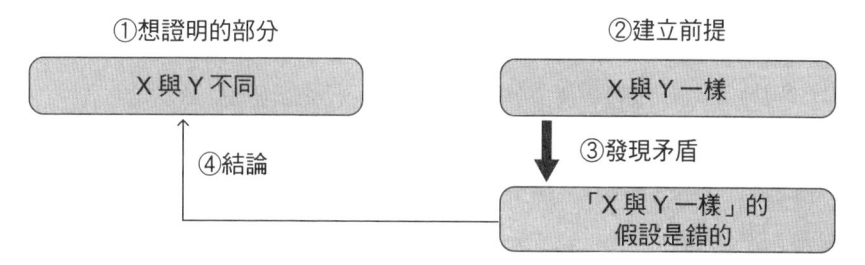

①想證明的部分　　　　　　　　②建立前提

　　X 與 Y 不同　　　　　　　　　X 與 Y 一樣

　　　　↑　　　　　　　　　　　　↓③發現矛盾
　　　④結論　　　　　　　　「X 與 Y 一樣」的
　　　　　　　　　　　　　　　　假設是錯的

順帶一提,如果無法在「兩者不一樣」找到矛盾,不代表「**兩者真的沒有差異**」,而是會得出「**兩者可能有差異,只是就目前的範圍而言,兩者可能沒有差異**」這種含糊的結論。

這種模糊不清的感覺或許是無法一句話說死的學問才有的特徵。

或許在商業的世界裡，也有以「肯定是這樣」或是「就先假設是這樣」的前提推動相關事項的情況，所以筆者也不打算否定這種做法。

▶ 事前準備該做到什麼地步？

到目前為止，本書說明了資料分析的各種步驟，如果要以一句話形容，那就是「事前準備很辛苦」。許多人應該都覺得**「你說的我都懂，但就是沒有這麼多時間啊」「難道沒有一看就了解資料的方法嗎？」**

請容我為大家介紹某位歷史偉人的奮鬥來作為本章的結尾。這位歷史偉人是於美利堅合眾國麻薩諸塞州出生的約翰圖基（John Wilder Tukey，1915～2000年）。圖基與天才數學家約翰馮諾伊曼一起設計電腦時，將二進制位（binary digit）省略為「位元」（bit），這也是他最為人所知的事蹟之一。此外，他也認為從數學衍生而來的「統計學」是能應用於各種領域的學問。圖基在1961年出版了《The Future of Data Analysis》，對過去的一些概念提出質疑。比方說，只在資料中植入一個偏差值，就會讓平均值或其他的結果產生改變，但是傳統的統計學不會拿掉這個偏差值。

另一方面，圖基也主張「在分析資料的時候，必須先仔細觀察資料，如果發現該資料是偏差值，排除該資料絕對是最理想的做法」。

第一步是先綜覽所有資料。不要預設立場，而是要從不同的角度觀察資料。不能帶著成見觀察資料，而是要從不同的視角觀察資料的剖面，才能有所收穫。

圖基將分析資料的方式分成兩種，上述這種分析資料的方法稱為**「探索式資料分析（Exploratory Data Analysis）」**，至於傳統的資料分析方式則稱為**「驗證式資料分析（confirmatory data analysis）」**。如果用現代人的思維來看，這兩種方法很有可能被貼上「改革派」與「保守派」的標籤。

若從圖基的立場來看，筆者有可能會被分類為「保守派」。

不過，我與圖基看待問題的方式是一樣的。圖基在《The Future of Data Analysis》提到，**「與其替錯誤的問題找到正確解答，更應該替定義不明的正確問題找到答案」**。順帶一提，在第 1 章介紹的杜拉克也有類似的發言。

換句話說，圖基強調**假設如果是錯的，之後就算找到正確解答，也無助於解決問題**。或許當時的「保守派」不在乎問題是錯的，只在乎答案是正確的吧。

圖基曾說，要想找到正確的問題，就要「仔細觀察資料」。筆者前面也提過，要找到正確的問題「（廣義來說）就要仔細觀察資料，發現問題與提問」。

意思是，**極度壓縮或是跳過本書介紹的步驟，將無法得出優質的結論**。

我的意思不是時間夠就能提升精確度，而是按部就班地完全所有步驟，就有可能找到之前未曾發現的課題或是問題。從結果來看，壓縮必要的步驟很可能會欲速則不達。

故事將進入最終章

　　下一章總算是最後一章了。洩露機密的犯人將在這一章露出真目。

　　既然機會難得，大家不妨推理看看，誰是洩露機密的犯人。請接受這個「**來自筆者的戰帖**」吧。

　　布丁布丁公司收受第 5 號試作品食譜的人是加藤社長。他在某一天從某個人物手上取得了這個食譜。如果只憑本書的資料，或許很難徹底找出這個人物，但本書已經提供了許多這個人物與加藤社長私相授受的「證據」。

　　這就是在測試閱讀本書的各位讀者的「**觀察力**」。

　　總之，如果想要接續讀下去的人，請直接進入第 5 章。

　　如果是想接受挑戰的人，還請從序章開始重讀一遍。

! 線索就藏在某個地方。

第 5 章

做出决策

東京皇冠總公司

董事會

前幾天我們公司的黑澤受您照顧了。

咦？您在說什麼啊？

所以……

因為可能違反了不公平競爭的法令，

包庇也沒有意義了吧？

明明是因為消息走漏給大眾媒體才召開的合併協商會議，你是打算吵架嗎？

唉…

黑澤辭掉了董事職位。

怎麼這麼說啊～我只是說出事實而已，請勿見怪喲。

那麼，你們是聊過了什麼？

我的立場是贊成喲。

會長……

那就趕快進入主題，快點結束會議吧。

還有人還沒到……
叩叩叩叩
咔嚓！
不好意思，
我把人帶過來了！
！
不好意思，
遲到了。
平野先生……？
為什麼你會
來這裡……？
不好意思，
我來遲了。

我是太陽製菓經營企劃部長的平野。

我們太陽製菓接受東京皇冠公司提出的合併案,從今天開始,由我負責與石田小姐協調相關事宜。

什麼!

你知道這件事嗎？

知道。

居然擅做主張……！

………

雖然只受特定年齡層歡迎，
但是東京皇冠的品牌還是很有價值，
只要獲得投資就能起死回生。
所以我拜託太陽製菓投資。
事到如今，說這些有什麼用！
你們已經被我併購了！
那麼就來說說彼此的想法吧！
一起聽聽看平野先生的說法如何？
…………
咬牙

承上所述……

排除東京皇冠的部分試算,將權限集中在品牌核心價值,就能大幅減少虧損。

....

加藤先生的發表好像在念經喔……

竊竊私語

你們從以前就認識嗎……？
以上就是我的意見……！
從以前就這樣喲。
咦？
接著請石田小姐發表。
站起
好的。
嗯……簡單
來說，就是大幅削減成本，減少虧損，保留品牌的提案對吧？
我認為這是最理想的做法。
敝公司有皇冠蛋糕這個品牌，
創業 91 年，蛋糕的歷史為 63 年
啪
購買這款蛋糕的顧客，以及累積的時間都是資產。

不過，沒有善用這些
資產也是事實。
因此……
啪
保護品牌，創立品牌
我們要將銷售已久
的戚風蛋糕改造成
加了高蛋白的戚
風蛋糕，
讓戚風蛋糕成為
第二品牌。
從市場調查結果得知，
健身界的人有七成有意
願購買這款蛋糕，
換算成實際人數，大概
是 1500 萬人～ 2000 萬
人的市場。

在試吃會上，有繼續購買意願的人高達 85%，如果能在
1 年內達成一半的 1000 萬人購買……
啪
現今人口數
預想的購買年齡層
成長目標
再度購買
350 日圓 X1,850 萬人＝約 65 億日圓
蛋糕的預定販售價格是 350 元，所以
很有可能一口氣開創 50 億元的市場。
好、
好簡單易懂啊……！
現今人口數
約 65 億日圓
銷售管道除了敝公司的門市、百貨公司與
網路商店之外，還會透過太陽製菓的通路於超市上架。
這就是我提出的合併案。

至於不是商業夥伴關係的理由……
等等等
喂，等一下！
那個戚風蛋糕是抄我們公司的產品吧！
我們已經申請專利了……
不對。
高蛋白戚風蛋糕
是我們先開發的。

遺憾的是，有人從公司內部偷走

食譜，交給了布丁布丁公司……

這件事情很嚴重吧！

如果是事實，應該立刻報警喲。

嗯 您說的沒錯。

所以剛剛與若山社長商量後，已經報警了。

是、是嗎……

這麼重要的事情居然沒先跟我商量……？

這是我的決定。

我可不能當做沒這回事!

你竟敢!

請您適可而止!

這間公司的代表是我!

………

——那麼,至於關鍵的食譜……

中島。

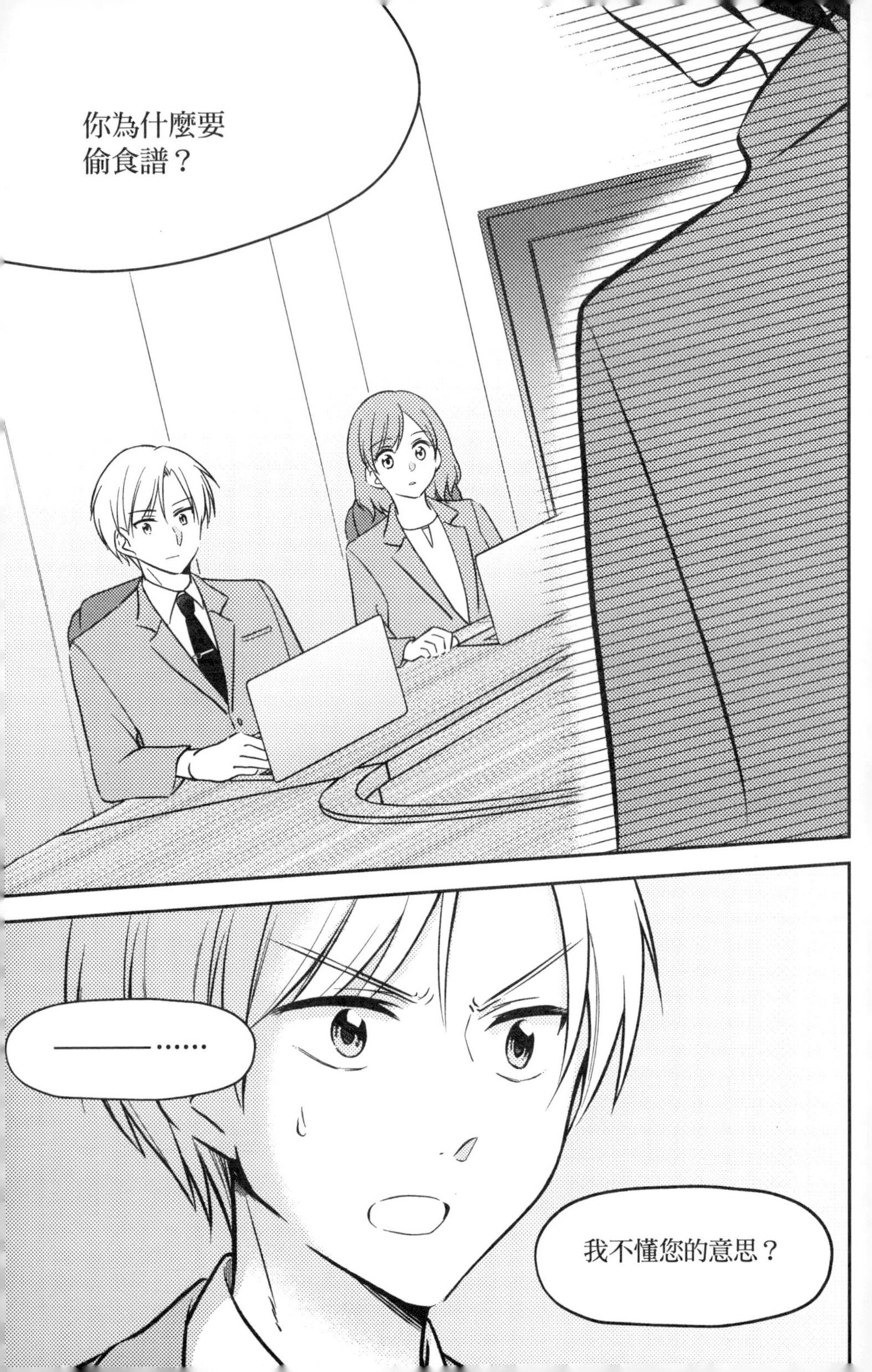
你為什麼要
偷食譜？
————……
我不懂您的意思？

你與加藤接觸後，把第5號
試作品交給他了吧。
妳有什麼證據嗎……？
你……
用的是很貴的領帶夾對吧。
你之前用的是這個嗎？
！
抓
會長否決你的增量產品提案後，隔天你就開始用這個領帶夾了對吧？
是剛好那天買了這個領帶夾而已……！
在公司過夜的那天買的？寧可不回家，也要去買這個領帶夾？

那是加藤送的吧……？你以交出食譜為條件，向加藤提出要求了吧？
妳有什麼證據……！
拿出
privilege
啊！
真的耶，一模一樣的領帶夾……
哈
類似的領帶夾到處都有吧……？
不會有喔。
因為那是，
我送的禮物喔。

啊！

站起 站起

咦……？

啊

原來是這麼一回事啊。

妳說過……
之前跟加藤交往過呢。

唉…
那個領帶夾的背面……

刻著「from Ryoko」對吧？

真的是笨死了，

居然拿那種東西當擔保……

那就請你再回答一次我剛剛的問題吧。

後退

……

都是那傢伙的主意!

他跟我說,只要我交出食譜,就讓我去太陽製菓當課長……!

用力指

喂!

你在說什麼鬼話!快住口!

因為只是口頭約定,

喂!

所以拿領帶夾當擔保。

快住口!

中島!

這件事……，

太陽製菓打算怎麼處置……？

唉

基本上會等警察調查……

但我們會盡快確定對加藤的處置。

咬牙

為什麼……

中島先生！

…………

用力拍

這不是真的吧？

因為……我們不是一起為了皇冠努力嗎……？

不對。

我跟春川不同，

我只為了自己工作！

——……

我從來沒想過為了皇冠努力。

在這種快要沒落的公司上班……也不知道什麼時候會倒閉……

就算得挺而走險,

只要有機會出人頭地,

交出食譜也是理所當然的吧?

用力拍

快步

快步

社長……?

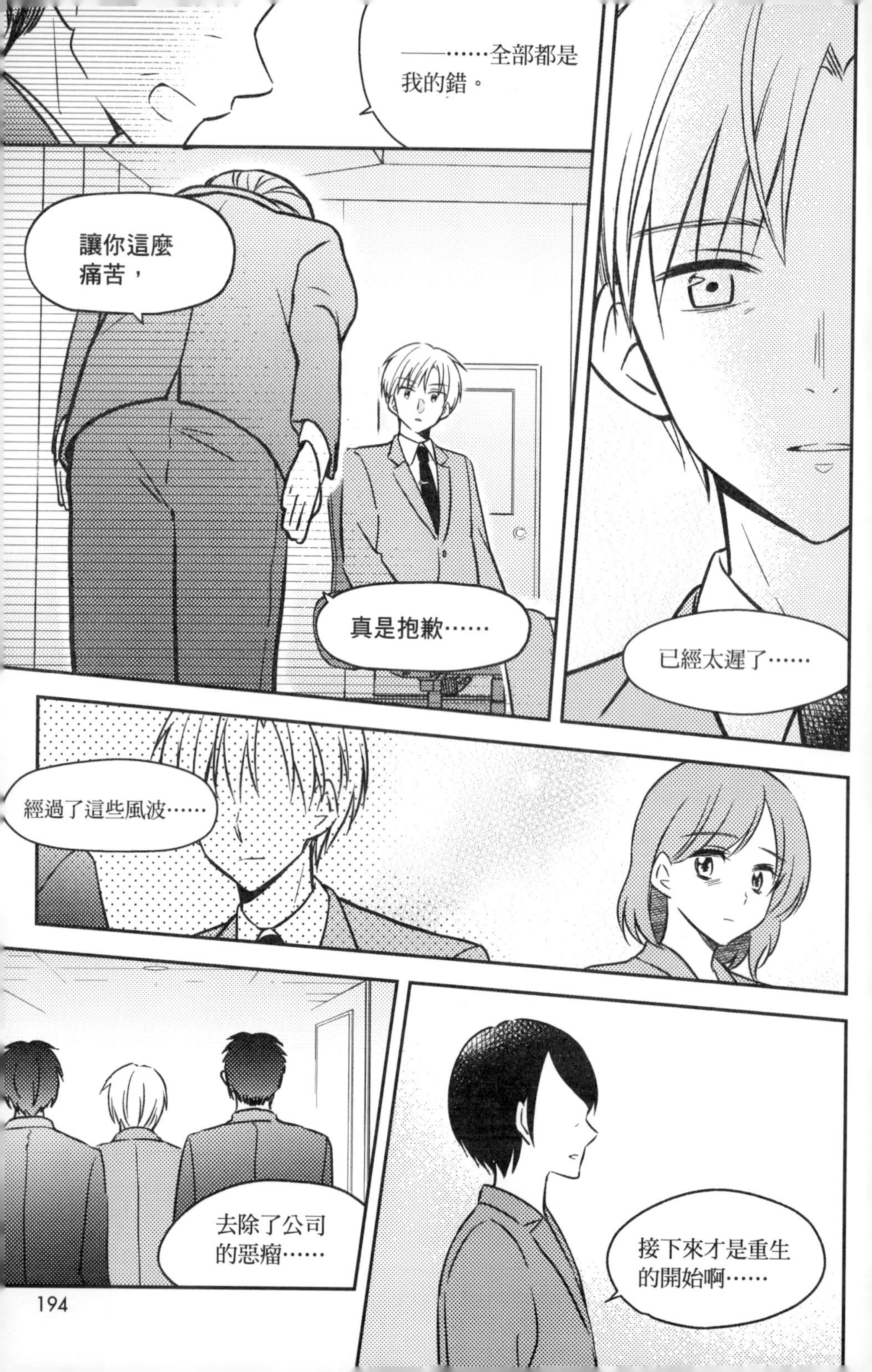
——……全部都是
我的錯。
讓你這麼
痛苦，
真是抱歉……
已經太遲了……
經過了這些風波……
去除了公司
的惡瘤……
接下來才是重生
的開始啊……

後　　　　　記

―20年後

接下來為大家介紹今天的貴賓!

在美國備受關注的

哇

哇

TOKYO QUEEN
東京皇冠的負責人
春川華女士!

我很喜歡皇冠蛋糕喲！

謝謝妳。

再沒有比皇冠蛋糕如此受到歡迎更開心的事情了，所以今天為了大家準備了皇冠蛋糕，還請大家盡情享用！

哇——哇！！

叩叩

社長。

董事會要開始了。

我知道了。

1 在美國,沒有人沒聽過東京皇冠喲。

能如此成功,想必非常辛苦吧?

不會。

因為,

我心中有位嚮往的女性——

嗶

時間差不多了，走吧。

關
門...

太陽製菓 社長
石田涼子

結語

　　真沒想到洩露機密的犯人是中島！在漫畫的最後，似乎響起了某部連續劇的片尾曲。我隨時歡迎能有人提案將這部漫畫翻拍成連續劇。

　　雖然本書在如此戲劇化的一幕中結束，但大家是否接受了在第 4 章結尾提出的戰帖呢？有多少人看出犯人就是中島呢？能夠說清楚理由的人應該寥寥可數吧。

　　中島說「我只為了自己工作！」「就算得挺而走險，只要有機會出人頭地，交出食譜也是理所當然的吧？」這些絕對是本書需要的台詞。

　　我們到底是為了什麼工作？中島說是為了自己工作。如果想做自己想做的事，就只能力爭上游，所以就算會遇到危險也義無反顧。這也是一種信念。

　　應該有許多人覺得資料分析是新型態的工作，如果不是因為數位化到現在這種程度，根本沒有學習資料分析的機會。今後得為了工作學習新技能的情況會越來越常見，不是學習如何操作生成式 AI，就是學習自律型裝置的相關知識，而這也稱為「再培訓」（reskilling）。

　　如今已是不持續學習，就無法找到工作的時代。這還真是麻煩對吧？也很辛苦對吧？所以我才想問大家，到底是為了什麼工作？

　　有可能是為了賺錢、自我實現或是為了美好的未來，總之挾雜著各種因素，也很難從中找出最主要的因素對吧？不過，可能有些人根本不知道為什麼要工作對吧？

　　本書在歐姆社的邀請下，從 2022 年夏天開始撰寫。感謝 morio 小姐幫忙創造了許多很棒的角色，在此致上感謝。

松本健太郎

```
不需公式!一看就懂的資料分析思維/松本健
太郎作;許郁文譯. -- 初版. -- 新北市:世茂
出版有限公司, 2025.06
   面;    公分. --（銷售顧問金典;116）
ISBN 978-626-7446-74-4（平裝）

1.CST: 統計分析 2.CST: 相關分析 3.CST:
漫畫

511.7                           114003110
```

銷售顧問金典116

不需公式！一看就懂的資料分析思維

作　　者／松本健太郎
譯　　者／許郁文
作　　畫／Morio
主　　編／楊鈺儀
封面設計／Lee
出　版　者／世茂出版有限公司
地　　址／(231)新北市新店區民生路19號5樓
電　　話／(02)2218-3277
傳　　真／(02)2218-3239（訂書專線）
劃撥帳號／19911841
戶　　名／世茂出版有限公司
　　　　　單次郵購總金額未滿500元（含），請加80元掛號費
世茂網站／www.coolbooks.com.tw
排版製版／辰皓國際出版製作有限公司
印　　刷／世和彩色印刷股份有限公司
初版一刷／2025年6月

Ｉ Ｓ Ｂ Ｎ／978-626-7446-74-4
Ｅ Ｉ Ｓ Ｂ Ｎ／9786267446720（PDF）9786267446737（EPUB）
定　　價／340元

Original Japanese Language edition
MANGA DE WAKARU SUSHIKI NASHI NO DATA BUNSEKI
by Kentaro Matsumoto, Morio
Copyright © Kentaro Matsumoto, Morio 2023
Published by Ohmsha, Ltd.
Traditional Chinese translation rights by arrangement with Ohmsha, Ltd.
through Japan UNI Agency, Inc., Tokyo

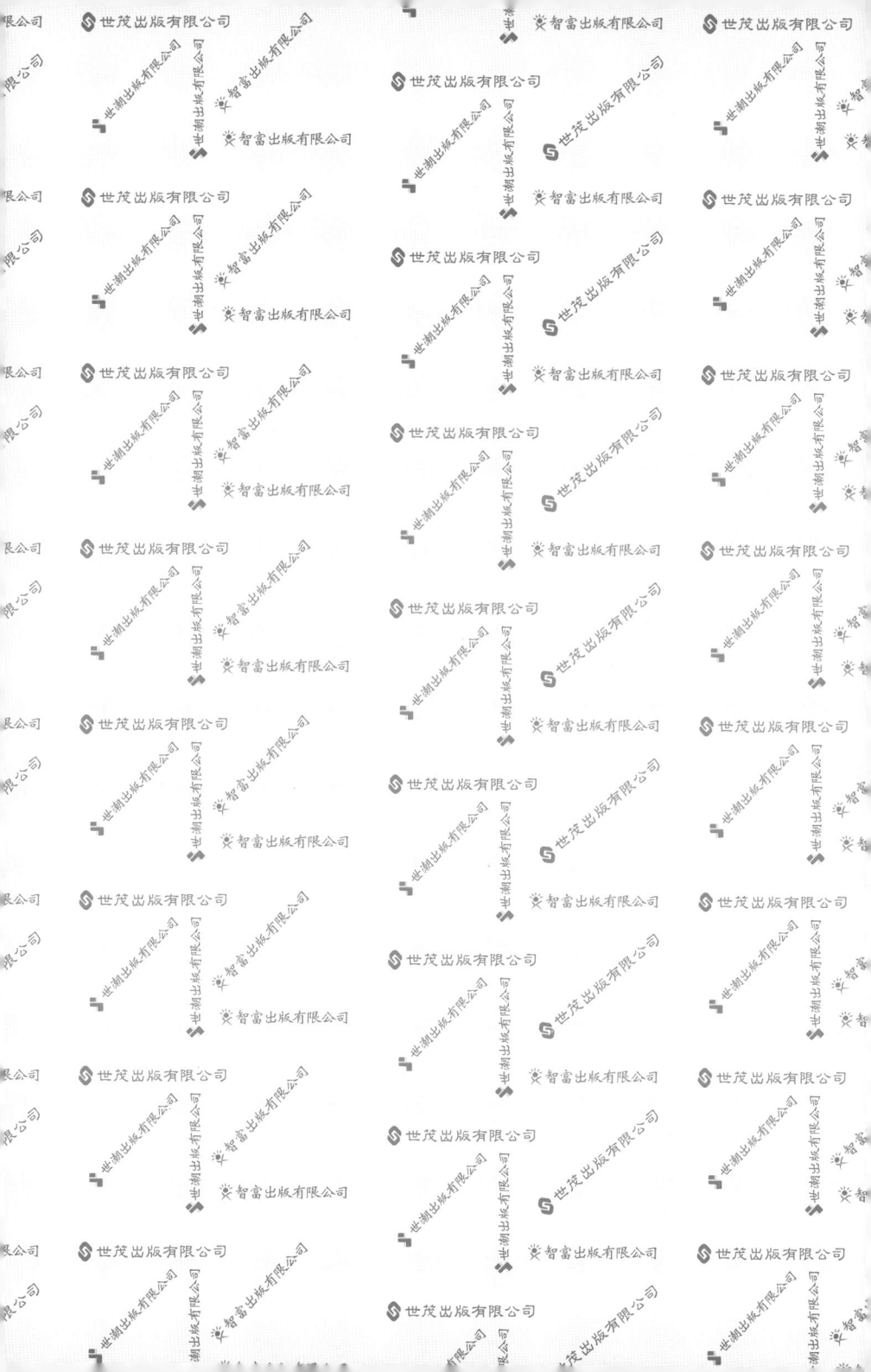